SAMMLUNG TUSCULUM

EPIKTET

ANLEITUNG ZUM GLÜCKLICHEN LEBEN

ENCHEIRIDION (HANDBUCH DER MORAL)

Griechisch–deutsch

Herausgegeben und übersetzt
von Rainer Nickel

ARTEMIS & WINKLER

MIX
Papier aus verantwortungsvollen Quellen
FSC® C016439

Bibliographische Information der Deutschen Bibliothek

Die Deutsche Bibliothek verzeichnet diese Publikation
in der Deutschen Nationalbibliographie;
detaillierte bibliographische Daten sind im Internet unter
http://dnb.ddb.de abrufbar.

Druck und Verarbeitung: Friedrich Pustet, Regensburg
ISBN 3-7608-1747-5
www.patmos.de

INHALT

ANLEITUNG ZUM GLÜCKLICHEN LEBEN

ΕΓΧΕΙΡΙΔΙΟΝ

ΕΠΙΚΤΗΤΟΥ ΕΓΧΕΙΡΙΔΙΟΝ

I

Τῶν ὄντων τὰ μέν ἐστιν ἐφ᾿ ἡμῖν, τὰ δὲ οὐχ ἐφ᾿ ἡμῖν. ἐφ᾿ ἡμῖν μὲν ὑπόληψις, ὁρμή, ὄρεξις, ἔκκλισις καὶ ἑνὶ λόγῳ ὅσα ἡμέτερα ἔργα· οὐκ ἐφ᾿ ἡμῖν δὲ τὸ σῶμα, ἡ κτῆσις, δόξαι, ἀρχαὶ καὶ ἑνὶ λόγῳ ὅσα οὐχ ἡμέτερα ἔργα.

Καὶ τὰ μὲν ἐφ᾿ ἡμῖν ἐστι φύσει ἐλεύθερα, ἀκώλυτα, ἀπαραπόδιστα, τὰ δὲ οὐκ ἐφ᾿ ἡμῖν ἀσθενῆ, δοῦλα, κωλυτά, ἀλλότρια. μέμνησο οὖν, ὅτι, ἐὰν τὰ φύσει δοῦλα ἐλεύθερα οἰηθῇς καὶ τὰ ἀλλότρια ἴδια, ἐμποδισθήσῃ, πενθήσεις, ταραχθήσῃ, μέμψῃ καὶ θεοὺς καὶ ἀνθρώπους, ἐὰν δὲ τὸ σὸν μόνον οἰηθῇς σὸν εἶναι, τὸ δὲ ἀλλότριον, ὥσπερ ἐστίν, ἀλλότριον, οὐδείς σε ἀναγκάσει οὐδέποτε, οὐδείς σε κωλύσει, οὐ μέμψῃ οὐδένα, οὐκ ἐγκαλέσεις τινί, ἄκων πράξεις οὐδὲ ἕν, οὐδείς σε βλάψει, ἐχθρὸν οὐχ ἕξεις, οὐδὲ γὰρ βλαβερόν τι πείσῃ.

Τηλικούτων οὖν ἐφιέμενος μέμνησο, ὅτι οὐ δεῖ μετρίως

HANDBUCH DER MORAL

WAS IN UNSERER MACHT STEHT UND WAS NICHT (1)

Das eine steht in unserer Macht, das andere nicht. In unserer Macht stehen: Annehmen und Auffassen, Handeln-Wollen, Begehren und Ablehnen[1] – alles, was wir selbst in Gang setzen und zu verantworten haben. Nicht in unserer Macht stehen: unser Körper, unser Besitz, unser gesellschaftliches Ansehen, unsere Stellung – kurz: alles, was wir selbst nicht in Gang setzen und zu verantworten haben.

Was sich in unserer Macht befindet, ist von Natur aus[2] frei und läßt sich von einem Außenstehenden nicht behindern oder stören; was sich aber nicht in unserer Macht befindet, ist ohne Kraft, unfrei, läßt sich von außen behindern und ist fremdem Einfluß ausgesetzt. Denk daran[3]: Wenn du das von Natur aus Unfreie für frei und das Fremde für dein Eigentum hältst, dann wirst du dir selbst im Wege stehen, Grund zum Klagen haben, dich aufregen und aller Welt Vorwürfe machen; hältst du aber nur das für dein Eigentum, was wirklich dir gehört, das Fremde aber für fremd, dann wird niemand jemals Zwang auf dich ausüben, niemand wird dich behindern, du brauchst niemandem Vorwürfe zu machen oder die Schuld an etwas zu geben, wirst nichts gegen deinen Willen tun, keine Feinde haben, und niemand kann dir schaden; denn es gibt nichts, was dir Schaden zufügen könnte[4].

Wenn du nach einem so hohen Ziel strebst, dann sei dir

κεκινημένον ἅπτεσθαι αὐτῶν, ἀλλὰ τὰ μὲν ἀφιέναι παντελῶς, τὰ δ᾽ ὑπερτίθεσθαι πρὸς τὸ παρόν.

Ἐὰν δὲ καὶ ταῦτ᾽ ἐθέλῃς καὶ ἄρχειν καὶ πλουτεῖν, τυχὸν μὲν οὐδ᾽ αὐτῶν τούτων τεύξῃ διὰ τὸ καὶ τῶν προτέρων ἐφίεσθαι, πάντως γε μὴν ἐκείνων ἀποτεύξῃ, δι᾽ ὧν μόνων ἐλευθερία καὶ εὐδαιμονία περιγίνεται. εὐθὺς οὖν πάσῃ φαντασίᾳ μελέτα ἐπιλέγειν ὅτι „φαντασία εἶ καὶ οὐ πάντως τὸ φαινόμενον". ἔπειτα ἐξέταζε αὐτὴν καὶ δοκίμαζε τοῖς κανόσι τούτοις οἷς ἔχεις, πρώτῳ δὲ τούτῳ καὶ μάλιστα, πότερον περὶ τὰ ἐφ᾽ ἡμῖν ἐστιν ἢ περὶ τὰ οὐκ ἐφ᾽ ἡμῖν· κἂν περί τι τῶν οὐκ ἐφ᾽ ἡμῖν ᾖ, πρόχειρον ἔστω τὸ διότι „οὐδὲν πρὸς ἐμέ".

2

Μέμνησο, ὅτι ὀρέξεως ἐπαγγελία ἐπιτυχία, οὗ ὀρέγῃ, ἐκκλίσεως ἐπαγγελία τὸ μὴ περιπεσεῖν ἐκείνῳ, ὃ ἐκκλίνεται, καὶ ὁ μὲν ⟨ἐν⟩ ὀρέξει ἀποτυγχάνων ἀτυχής, ὁ δὲ ⟨ἐν⟩ ἐκκλίσει περιπίπτων δυστυχής. ἂν μὲν οὖν μόνα ἐκκλίνῃς τὰ παρὰ φύσιν τῶν ἐπὶ σοί, οὐδενί, ὧν ἐκκλίνεις, περιπεσῇ· νόσον δ᾽ ἂν ἐκκλίνῃς ἢ θάνατον ἢ πενίαν, δυστυχήσεις. ἆρον οὖν τὴν ἔκκλισιν ἀπὸ πάντων τῶν οὐκ ἐφ᾽ ἡμῖν καὶ μετάθες ἐπὶ τὰ παρὰ φύσιν τῶν ἐφ᾽ ἡμῖν. τὴν

bewußt, daß dies mit erheblicher Anstrengung verbunden ist: Du mußt auf manches ganz verzichten und manches zeitweilig aufgeben.

Wenn du aber nicht nur dieses willst, sondern auch noch der Macht und dem Reichtum nachjagst, dann wirst du wahrscheinlich nicht einmal hierin Erfolg haben, weil du zugleich das andere haben willst. Auf keinen Fall aber wirst du das bekommen, wodurch allein Freiheit und Glück möglich sind. Bemühe dich daher, jedem unangenehmen Eindruck[5] sofort mit den Worten zu begegnen: «Du bist nur ein Eindruck, und ganz und gar nicht das, was du zu sein scheinst.» Dann prüfe und beurteile den Eindruck nach den Regeln, die du beherrschst, vor allem nach der ersten Regel, ob sich der Eindruck auf die Dinge bezieht, die in unserer Macht stehen oder nicht; und wenn er sich auf etwas bezieht, was nicht in unserer Macht steht, dann sag dir sofort[6]: «Es geht mich nichts an.»

WAS MAN BEGEHREN UND WAS MAN ABLEHNEN SOLL (2)

Merke dir: Begehren zielt darauf, daß man das, was man begehrt, auch bekommt; Ablehnung zielt darauf, daß einem das, was man ablehnt, nicht zuteil wird, und wer sein Begehren nicht befriedigen kann, ist unglücklich; unglücklich ist aber auch, wem das zuteil wird, was er vermeiden möchte. Wenn du also nur von den Dingen, die in deiner Macht stehen, das ablehnst, was gegen die Natur ist[7], dann wird dir auch nichts von dem zustoßen, was du ablehnst. Wenn du aber Krankheit, Tod oder Armut zu entgehen suchst, dann wirst du unglücklich sein. Hüte dich also vor Abneigung gegenüber allen Dingen, die nicht in unserer Macht stehen, und gib ihr nur nach gegenüber den Dingen,

ὄρεξιν δὲ παντελῶς ἐπὶ τοῦ παρόντος ἄνελε· ἄν τε γὰρ ὀρέγῃ τῶν οὐκ ἐφ' ἡμῖν τινος, ἀτυχεῖν ἀνάγκη τῶν τε ἐφ' ἡμῖν, ὅσων ὀρέγεσθαι καλὸν ἄν, οὐδὲν οὐδέπω σοι πάρεστι. μόνῳ δὲ τῷ ὁρμᾶν καὶ ἀφορμᾶν χρῶ, κούφως μέντοι καὶ μεθ' ὑπεξαιρέσεως καὶ ἀνειμένως.

3

Ἐφ' ἑκάστου τῶν ψυχαγωγούντων ἢ χρείαν παρεχόντων ἢ στεργομένων μέμνησο ἐπιλέγειν, ὁποῖόν ἐστιν, ἀπὸ τῶν σμικροτάτων ἀρξάμενος· ἂν χύτραν στέργῃς, ὅτι „χύτραν στέργω". κατεαγείσης γὰρ αὐτῆς οὐ ταραχθήσῃ· ἂν παιδίον σαυτοῦ καταφιλῇς ἢ γυναῖκα, ὅτι „ἄνθρωπον καταφιλεῖς". ἀποθανόντος γὰρ οὐ ταραχθήσῃ.

4

Ὅταν ἅπτεσθαί τινος ἔργου μέλλῃς, ὑπομίμνῃσκε σεαυτόν, ὁποῖόν ἐστι τὸ ἔργον. ἐὰν λουσόμενος ἀπίῃς, πρόβαλλε σεαυτῷ τὰ γινόμενα ἐν βαλανείῳ, τοὺς ἀπορραίνοντας, τοὺς ἐγκρουομένους, τοὺς λοιδοροῦντας, τοὺς κλέπτοντας. καὶ οὕτως ἀσφαλέστερον ἅψῃ τοῦ ἔργου, ἐὰν ἐπιλέγῃς εὐθὺς „λούσασθαι θέλω καὶ τὴν

die in unserer Macht stehen, aber gegen die Natur sind. Das Begehren aber laß für den Augenblick ganz sein. Denn wenn du etwas begehrst, was nicht in unserer Macht steht, dann wirst du zwangsläufig unglücklich, und von den Dingen, die in unserer Macht stehen und die du gern begehren könntest, weißt du noch nichts. Beschränke dich auf den Willen zum Handeln[8] und auf den Willen, nicht zu handeln, doch nicht verkrampft, sondern mit Zurückhaltung und Gelassenheit.

SEI DIR ÜBER DAS WESEN DER DINGE IM KLAREN (3)

Bei allem, was dir Freude macht, was dir nützlich ist oder was du gern hast, denke daran, dir immer wieder zu sagen, was es eigentlich ist. Fang bei den unbedeutendsten Dingen an. Wenn du zum Beispiel an einem Topf hängst, dann sage dir: «Es ist ein einfacher Topf, an dem ich hänge.» Dann wirst du dich nämlich nicht aufregen, wenn er zerbricht. Wenn du dein Kind oder deine Frau küßt, dann sage dir: «Es ist ein Mensch, den du küßt.» Dann wirst du deine Fassung nicht verlieren, wenn er stirbt[9].

HALTUNG BEWAHREN (4)

Wenn du irgend etwas vorhast, dann mach dir klar, was du eigentlich vorhast. Wenn du zum Beispiel zum Baden gehst, dann stell dir vor, wie es in einem öffentlichen Bad zugeht, wie sie dich naßspritzen, hin und her stoßen, beschimpfen und bestehlen. Du wirst daher mit größerer Ruhe und Sicherheit hingehen, wenn du dir von vornherein sagst: «Ich will baden und meiner sittlichen Entscheidung[10]

ἐμαυτοῦ προαίρεσιν κατὰ φύσιν ἔχουσαν τηρῆσαι". καὶ ὡσαύτως ἐφ' ἑκάστου ἔργου. οὕτω γὰρ ἄν τι πρὸς τὸ λούσασθαι γένηται ἐμποδών, πρόχειρον ἔσται διότι „ἀλλ' οὐ τοῦτο ἤθελον μόνον, ἀλλὰ καὶ τὴν ἐμαυτοῦ προαίρεσιν κατὰ φύσιν ἔχουσαν τηρῆσαι· οὐ τηρήσω δέ, ἐὰν ἀγανακτῶ πρὸς τὰ γινόμενα."

5

Ταράσσει τοὺς ἀνθρώπους οὐ τὰ πράγματα, ἀλλὰ τὰ περὶ τῶν πραγμάτων δόγματα· οἷον ὁ θάνατος οὐδὲν δεινόν (ἐπεὶ καὶ Σωκράτει ἂν ἐφαίνετο), ἀλλὰ τὸ δόγμα τὸ περὶ τοῦ θανάτου, διότι δεινόν, ἐκεῖνο τὸ δεινόν ἐστιν. ὅταν οὖν ἐμποδιζώμεθα ἢ ταρασσώμεθα ἢ λυπώμεθα, μηδέποτε ἄλλον αἰτιώμεθα, ἀλλ' ἑαυτούς, τοῦτ' ἔστι τὰ ἑαυτῶν δόγματα.

Ἀπαιδεύτου ἔργον τὸ ἄλλοις ἐγκαλεῖν, ἐφ' οἷς αὐτὸς πράσσει κακῶς· ἠργμένου παιδεύεσθαι τὸ ἑαυτῷ· πεπαιδευμένου τὸ μήτε ἄλλῳ μήτε ἑαυτῷ.

6

Ἐπὶ μηδενὶ ἐπαρθῇς ἀλλοτρίῳ προτερήματι. εἰ ὁ ἵππος ἐπαιρόμενος ἔλεγεν ὅτι „καλός εἰμι", οἰστὸν ἂν ἦν· σὺ δέ,

treu bleiben, durch die ich mich in Übereinstimmung mit der menschlichen Vernunftnatur befinde.» Das gilt auch für alles andere. Denn wenn dich wirklich etwas beim Baden stört, wirst du dir sagen können: «Ich wollte ja nicht nur baden, sondern auch meiner sittlichen Entscheidung treu bleiben, durch die ich mich in Übereinstimmung mit der menschlichen Vernunftnatur befinde. Das tue ich aber nicht, wenn ich mich über derartige Vorgänge ärgere.»

NICHT DIE DINGE SELBST MIT DEN URTEILEN ÜBER SIE VERWECHSELN (5)

Nicht die Dinge selbst beunruhigen die Menschen, sondern ihre Urteile und Meinungen[11] über sie. So ist zum Beispiel der Tod nichts Furchtbares – sonst hätte er auch Sokrates furchtbar erscheinen müssen –, sondern nur die Meinung, er sei furchtbar, ist das Furchtbare. Wenn wir also in Schwierigkeiten geraten, beunruhigt oder betrübt werden, wollen wir die Schuld niemals einem anderen, sondern nur uns selbst geben, das heißt unseren Meinungen und Urteilen.

Ein Ungebildeter pflegt seinen Mitmenschen vorzuwerfen, daß es ihm schlecht geht. Ein Anfänger in der philosophischen Bildung macht sich selbst Vorwürfe. Der wirklich Gebildete schiebt die Schuld weder auf einen anderen noch auf sich selbst.

WORAUF MAN STOLZ SEIN DARF (6)

Sei nicht stolz auf einen Vorzug, der nicht dein eigener ist. Wenn ein Pferd in seinem Stolz sagen würde: «Ich bin schön», so wäre das noch erträglich. Aber wenn du mit

ὅταν λέγῃς ἐπαιρόμενος ὅτι „ἵππον καλὸν ἔχω", ἴσθι, ὅτι ἐπὶ ἵππου ἀγαθῷ ἐπαίρῃ. τί οὖν ἐστι σόν; χρῆσις φαντασιῶν. ὥσθ', ὅταν ἐν χρήσει φαντασιῶν κατὰ φύσιν σχῇς, τηνικαῦτα ἐπάρθητι· τότε γὰρ ἐπὶ σῷ τινι ἀγαθῷ ἐπαρθήσῃ.

7

Καθάπερ ἐν πλῷ τοῦ πλοίου καθορμισθέντος εἰ ἐξέλθοις ὑδρεύσασθαι, ὁδοῦ μὲν πάρεργον καὶ κοχλίδιον ἀναλέξῃ καὶ βολβάριον, τετάσθαι δὲ δεῖ τὴν διάνοιαν ἐπὶ τὸ πλοῖον καὶ συνεχῶς ἐπιστρέφεσθαι, μή ποτε ὁ κυβερνήτης καλέσῃ, κἂν καλέσῃ, πάντα ἐκεῖνα ἀφιέναι, ἵνα μὴ δεδεμένος ἐμβληθῇς ὡς τὰ πρόβατα· οὕτω καὶ ἐν τῷ βίῳ, ἐὰν διδῶται ἀντὶ βολβαρίου καὶ κοχλιδίου γυναικάριον καὶ παιδίον, οὐδὲν κωλύσει· ἐὰν δὲ ὁ κυβερνήτης καλέσῃ, τρέχε ἐπὶ τὸ πλοῖον ἀφεὶς ἐκεῖνα ἅπαντα μηδὲ ἐπιστρεφόμενος. ἐὰν δὲ γέρων ᾖς, μηδὲ ἀπαλλαγῇς ποτε τοῦ πλοίου μακράν, μή ποτε καλοῦντος ἐλλίπῃς.

8

Μὴ ζήτει τὰ γινόμενα γίνεσθαι ὡς θέλεις, ἀλλὰ θέλε τὰ γινόμενα ὡς γίνεται, καὶ εὐροήσεις.

Stolz behaupten würdest: «Ich habe ein schönes Pferd», dann mußt du bedenken, daß du nur auf die Schönheit deines Pferdes stolz bist. Was gehört also dir? Der Gebrauch deiner Eindrücke[12]. Wenn du dich aber beim Gebrauch deiner Eindrücke im Einklang mit der menschlichen Vernunftnatur befindest[13], dann kannst du mit Recht stolz sein. Dann nämlich wirst du auf einen Vorzug stolz sein, der wirklich dir gehört.

WENN DER STEUERMANN RUFT (7)

Wenn das Schiff auf einer Seereise vor Anker geht und du aussteigst, um frisches Wasser zu holen, dann kannst du unterwegs eine Muschel oder einen kleinen Tintenfisch auflesen, aber deine Aufmerksamkeit muß auf das Schiff gerichtet bleiben, und du mußt es ständig im Auge behalten, der Steuermann könnte ja rufen, und wenn er ruft, dann mußt du alles liegen lassen, damit du nicht gefesselt wie die Schafe auf das Schiff geworfen wirst. So ist es auch im Leben: Wenn dir statt einer Muschel oder eines Tintenfisches eine Frau und ein Kind gegeben sind, so wird dies kein Hindernis sein. Wenn der Steuermann ruft, lauf zum Schiff, laß alles liegen und dreh dich nicht um. Wenn du aber alt geworden bist, dann entferne dich nur nicht zu weit vom Schiff, damit du nicht zurückbleibst, falls du gerufen wirst[14].

NICHT ZUVIEL VERLANGEN (8)

Verlange nicht, daß alles, was geschieht, so geschieht, wie du es willst, sondern wünsche dir, daß alles so geschieht, wie es geschieht, und du wirst glücklich sein[15].

9

Νόσος σώματός ἐστιν ἐμπόδιον, προαιρέσεως δὲ οὔ, ἐὰν μὴ αὐτὴ θέλῃ. χώλανσις σκέλους ἐστὶν ἐμπόδιον, προαιρέσεως δὲ οὔ. καὶ τοῦτο ἐφ' ἑκάστου τῶν ἐμπιπτόντων ἐπίλεγε· εὑρήσεις γὰρ αὐτὸ ἄλλου τινὸς ἐμπόδιον, σὸν δὲ οὔ.

10

Ἐφ' ἑκάστου τῶν προσπιπτόντων μέμνησο ἐπιστρέφων ἐπὶ σεαυτὸν ζητεῖν, „τίνα δύναμιν ἔχεις πρὸς τὴν χρῆσιν αὐτοῦ;" ἐὰν καλὸν ἴδῃς ἢ καλήν, εὑρήσεις δύναμιν πρὸς ταῦτα ἐγκράτειαν· ἐὰν πόνος προσφέρηται, εὑρήσεις καρτερίαν· ἂν λοιδορία, εὑρήσεις ἀνεξικακίαν. καὶ οὕτως ἐθιζόμενόν σε οὐ συναρπάσουσιν αἱ φαντασίαι.

11

Μηδέποτε ἐπὶ μηδενὸς εἴπῃς ὅτι „ἀπώλεσα αὐτό", ἀλλ' ὅτι „ἀπέδωκα". τὸ παιδίον ἀπέθανεν; ἀπεδόθη. ἡ γυνὴ ἀπέθανεν; ἀπεδόθη. „τὸ χωρίον ἀφῃρέθην." οὐκοῦν καὶ τοῦτο ἀπεδόθη. „ἀλλὰ κακὸς ὁ ἀφελόμενος." τί δὲ σοὶ μέλει, διὰ τίνος σε ὁ δοὺς ἀπῄτησε; μέχρι δ' ἂν διδῷ,

KRANKHEIT IST KEIN UNGLÜCK (9)

Krankheit ist hinderlich für den Körper, nicht aber für die sittliche Entscheidung, falls sie selbst es nicht will. Eine Lähmung behindert ein Bein, nicht aber die sittliche Entscheidung[16]. Sag dir das bei allem, was dir zustößt. Du wirst nämlich finden, daß es für etwas anderes hinderlich ist, nicht aber für dich selbst.

WAS GEGEN FALSCHE VORSTELLUNGEN HILFT (10)

Bei allem, was dir passiert, denke daran, in dich zu gehen und dich zu fragen: «Welche Kraft hast du, um richtig darauf zu reagieren?» Wenn du einen schönen Knaben oder ein schönes Mädchen siehst, so wirst du als Gegenkraft Selbstbeherrschung haben; erwartet dich eine schwere Anstrengung, so wird dein Gegenmittel Ausdauer sein, wird dir eine Beleidigung zuteil, so wirst du mit Duldsamkeit reagieren[17]. Wenn du dich daran gewöhnt hast, werden dich die (falschen) Vorstellungen und Eindrücke nicht mehr beherrschen[18].

MAN KANN NICHTS VERLIEREN (11)

Sag nie von einer Sache: «Ich habe sie verloren», sondern: «Ich habe sie zurückgegeben.» Dein Kind ist gestorben? Nein, du hast es zurückgegeben. Deine Frau ist gestorben[19]? Nein, du hast sie zurückgegeben. «Ich habe mein Grundstück verloren.» Gut, auch das hast du zurückgegeben. «Aber es ist doch ein Verbrecher, der es mir gestohlen hat.» Was geht es dich an, durch wen es der, der es dir einst gab, von dir zurückforderte? Solange er es dir überläßt,

ὡς ἀλλοτρίου αὐτοῦ ἐπιμελοῦ, ὡς τοῦ πανδοχείου οἱ παριόντες.

12

Εἰ προκόψαι θέλεις, ἄφες τοὺς τοιούτους ἐπιλογισμούς. „ἐὰν ἀμελήσω τῶν ἐμῶν, οὐχ ἕξω διατροφάς“. „ἐὰν μὴ κολάσω τὸν παῖδα, πονηρός ἔσται.“ κρεῖσσον γὰρ λιμῷ ἀποθανεῖν ἄλυπον καὶ ἄφοβον γενόμενον ἢ ζῆν ἐν ἀφθόνοις ταρασσόμενον. κρεῖττον δὲ τὸν παῖδα κακὸν εἶναι ἢ σὲ κακοδαίμονα. ἄρξαι τοιγαροῦν ἀπὸ τῶν σμικρῶν. ἐκχεῖται τὸ ἐλάδιον, κλέπτεται τὸ οἰνάριον· ἐπίλεγε ὅτι „τοσούτου πωλεῖται ἀπάθεια, τοσούτου ἀταραξία. προῖκα δὲ οὐδὲν περιγίνεται“.

Ὅταν δὲ καλῇς τὸν παῖδα, ἐνθυμοῦ, ὅτι δύναται μὴ ὑπακοῦσαι καὶ ὑπακούσας μηδὲν ποιῆσαι ὧν θέλεις· ἀλλ' οὐχ οὕτως ἐστὶν αὐτῷ καλῶς, ἵνα ἐπ' ἐκείνῳ ᾖ τὸ σὲ μὴ ταραχθῆναι.

13

Εἰ προκόψαι θέλεις, ὑπόμεινον ἕνεκα τῶν ἐκτὸς ἀνόητος δόξας καὶ ἠλίθιος, μηδὲν βούλου δοκεῖν ἐπίστασθαι· κἂν δόξῃς τις εἶναί τισιν, ἀπίστει σεαυτῷ. ἴσθι γὰρ ὅτι οὐ

behandle es als fremdes Eigentum wie die Reisenden ihr Gasthaus.

DU MUSST UMDENKEN (12)

Wenn du moralische Fortschritte[20] machen willst, mußt du Gedanken wie die folgenden abwerfen: «Wenn ich mich nicht um mein Vermögen kümmere, werde ich nichts zu essen haben.» Oder: «Wenn ich meinen Diener nicht bestrafe, wird er ein Taugenichts.» Denn es ist besser zu verhungern, aber ohne Sorgen und Angst[21] gelebt zu haben, als im Überfluß, aber in ständiger Aufregung. Es ist besser, daß dein Diener ein Taugenichts ist, als daß du selbst unglücklich[22] bist. Beginne also mit kleinen Dingen[23]: Wird dir ein Tropfen Öl vergossen oder ein bißchen Wein gestohlen, so sage dir: «Das ist der Preis für Gleichmut und innere Ruhe. Umsonst bekommt man nichts[24].»

Wenn du deinen Diener rufst, bedenke, daß er dich vielleicht nicht hören kann, und wenn er dich gehört hat, daß er vielleicht gar nicht in der Lage ist, das zu tun, was du von ihm verlangst. Aber er befände sich in keiner besonders glücklichen Lage, wenn deine innere Ruhe von ihm abhinge[25].

WAS MAN VON DIR DENKT, SEI DIR GLEICHGÜLTIG (13)

Wenn du moralische Fortschritte[26] machen willst, dann halte es aus, daß man dich wegen äußerer Dinge für töricht und einfältig hält, und habe auch nicht den Wunsch, den Anschein zu erwecken, etwas zu verstehen, und wenn andere es von dir glauben, mißtraue dir selbst. Denn sei dir darüber im klaren, daß es nicht leicht ist, seiner morali-

ῥᾴδιον τὴν προαίρεσιν τὴν σεαυτοῦ κατὰ φύσιν ἔχουσαν φυλάξαι καὶ τὰ ἐκτός, ἀλλὰ τοῦ ἑτέρου ἐπιμελούμενον τοῦ ἑτέρου ἀμελῆσαι πᾶσα ἀνάγκη.

14

Ἐὰν θέλῃς τὰ τέκνα σου καὶ τὴν γυναῖκα καὶ τοὺς φίλους σου πάντοτε ζῆν, ἠλίθιος εἶ· τὰ γὰρ μὴ ἐπὶ σοὶ θέλεις ἐπὶ σοὶ εἶναι καὶ τὰ ἀλλότρια σὰ εἶναι. οὕτω κἂν τὸν παῖδα θέλῃς μὴ ἁμαρτάνειν, μωρὸς εἶ· θέλεις γὰρ τὴν κακίαν μὴ εἶναι κακίαν, ἀλλ' ἄλλο τι.

Ἐὰν δὲ θέλῃς ὀρεγόμενος μὴ ἀποτυγχάνειν, τοῦτο δύνασαι. τοῦτο οὖν ἄσκει, ὃ δύνασαι.

Κύριος ἑκάστου ἐστὶν ὁ τῶν ὑπ' ἐκείνου θελομένων ἢ μὴ θελομένων ἔχων τὴν ἐξουσίαν εἰς τὸ περιποιῆσαι ἢ ἀφελέσθαι.

Ὅστις οὖν ἐλεύθερος εἶναι βούλεται, μήτε θελέτω τι μήτε φευγέτω τι τῶν ἐπ' ἄλλοις· εἰ δὲ μή, δουλεύειν ἀνάγκη.

15

Μέμνησο, ὅτι ὡς ἐν συμποσίῳ σε δεῖ ἀναστρέφεσθαι. περιφερόμενον γέγονέ τι κατὰ σέ· ἐκτείνας τὴν χεῖρα κοσμίως μετάλαβε. παρέρχεται· μὴ κάτεχε. οὔπω ἥκει·

schen Entscheidung, durch die man sich in Übereinstimmung mit der menschlichen Vernunftnatur befindet, treu zu bleiben und zugleich die äußeren Dinge zu berücksichtigen. Es gibt vielmehr nur ein Entweder-Oder: Wer sich um das eine kümmert, muß das andere vernachlässigen.

ÜBE, WAS IN DEINER MACHT STEHT (14)

Wenn du willst, daß deine Kinder, deine Frau und deine Freunde ewig leben, bist du ein Narr; denn du verlangst, daß das, was nicht in deiner Macht steht, in deiner Macht stehe, und daß das, was dir nicht gehört, dir gehöre. Ebenso töricht bist du, wenn du wünschst, daß dein Diener keinen Fehler mache; denn du willst, daß der Fehler kein Fehler sei, sondern etwas anderes.

Wenn du aber den Willen hast, dein Ziel nicht zu verfehlen, so kann dir dies möglich sein. Übe dich[27] einfach in dem, was dir möglich ist.

Jedem anderen überlegen ist derjenige, der die Möglichkeit hat, ihm das zu geben, was er haben will, und ihn von dem zu befreien, was er nicht haben will.

Wer aber frei sein will, der darf weder erstreben noch meiden, was in der Macht eines anderen steht. Sonst wird er zwangsläufig zum Sklaven.

VERZICHTEN IST BESSER ALS ZUGREIFEN (15)

Denke daran, daß du dich im Leben verhalten mußt wie bei einem Gastmahl. Es wird etwas herumgereicht, und du kommst an die Reihe. Streck deine Hand aus und nimm dir ein bißchen. Es wird weitergereicht. Halte es nicht zurück.

μὴ ἐπίβαλλε πόρρω τὴν ὄρεξιν, ἀλλὰ περίμενε, μέχρις ἂν γένηται κατὰ σέ.

Οὕτω πρὸς τέκνα, οὕτω πρὸς γυναῖκα, οὕτω πρὸς ἀρχάς, οὕτω πρὸς πλοῦτον· καὶ ἔσῃ ποτὲ ἄξιος τῶν θεῶν συμπότης.

Ἂν δὲ καὶ παρατεθέντων σοι μὴ λάβῃς, ἀλλ' ὑπερίδῃς, τότε οὐ μόνον συμπότης τῶν θεῶν ἔσῃ, ἀλλὰ καὶ συνάρχων. οὕτω γὰρ ποιῶν Διογένης καὶ Ἡράκλειτος καὶ οἱ ὅμοιοι ἀξίως θεῖοί τε ἦσαν καὶ ἐλέγοντο.

16

Ὅταν κλαίοντα ἴδῃς τινὰ ἐν πένθει ἢ ἀποδημοῦντος τέκνου ἢ ἀπολωλεκότα τὰ ἑαυτοῦ, πρόσεχε μή σε ἡ φαντασία συναρπάσῃ ὡς ἐν κακοῖς ὄντος αὐτοῦ τοῖς ἐκτός, ἀλλ' εὐθὺς ἔστω πρόχειρον ὅτι „τοῦτον θλίβει οὐ τὸ συμβεβηκός (ἄλλον γὰρ οὐ θλίβει), ἀλλὰ τὸ δόγμα τὸ περὶ τούτου".

Μέχρι μέντοι λόγου μὴ ὄκνει συμπεριφέρεσθαι αὐτῷ, κἂν οὕτω τύχῃ, καὶ συνεπιστενάξαι· πρόσεχε μέντοι μὴ καὶ ἔσωθεν στενάξῃς.

17

Μέμνησο, ὅτι ὑποκριτὴς εἶ δράματος, οἵου ἂν θέλῃ ὁ διδάσκαλος· ἂν βραχύ, βραχέος· ἂν μακρόν, μακροῦ· ἂν

Es ist noch nicht bei dir angekommen. Richte dein Verlangen nicht weiter darauf, sondern warte, bis es zu dir kommt.

So halte es auch mit dem Wunsch nach Kindern, nach einer Frau, nach einer angesehenen Stellung, nach Reichtum, und du wirst eines Tages[28] eines Gastmahls mit den Göttern würdig sein.

Wenn du aber nichts von dem nimmst, was dir vorgesetzt wird, sondern es unbeachtet läßt, dann wirst du nicht nur ein Tischgenosse der Götter sein, sondern auch an ihrer Macht teilhaben. Denn so taten es Diogenes, Herakles[29] und ähnliche Männer, und darum waren sie mit Recht göttlich und wurden mit Recht göttlich genannt.

GRENZEN DES MITLEIDS (16)

Wenn du jemanden jammern und klagen siehst, weil sein Kind weit fort ist oder weil er sein Vermögen verloren hat, achte darauf, daß du dich nicht von der Vorstellung hinreißen läßt, er sei aufgrund dieser äußeren Dinge tatsächlich im Unglück. Halte dir vielmehr sofort vor Augen: «Nicht das, was passiert ist, betrübt diesen Mann (jemand anders nämlich betrübt es nicht), sondern seine Meinung[30] darüber.»

Zögere jedoch nicht, ihn mit Worten zu trösten und, wenn es sich so ergibt, auch mit ihm zu klagen. Aber hüte dich davor, auch mit innerer Anteilnahme zu jammern.

SPIEL DEINE ROLLE GUT (17)

Erinnere dich, daß du ein Schauspieler in einem Drama bist; deine Rolle verdankst du dem Schauspieldirektor[31].

πτωχὸν ὑποκρίνασθαί σε θέλῃ, ἵνα καὶ τοῦτον εὐφυῶς ὑποκρίνῃ· ἂν χωλόν, ἂν ἄρχοντα, ἂν ἰδιώτην.

Σὸν γὰρ τοῦτ' ἔστι, τὸ δοθὲν ὑποκρίνασθαι πρόσωπον καλῶς· ἐκλέξασθαι δ' αὐτὸ ἄλλου.

18

Κόραξ ὅταν μὴ αἴσιον κεκράγῃ, μὴ συναρπαζέτω σε ἡ φαντασία· ἀλλ' εὐθὺς διαίρει παρὰ σεαυτῷ καὶ λέγε ὅτι „τούτων ἐμοὶ οὐδὲν ἐπισημαίνεται, ἀλλ' ἢ τῷ σωματίῳ μου ἢ τῷ κτησειδίῳ μου ἢ τῷ δοξαρίῳ μου ἢ τοῖς τέκνοις ἢ τῇ γυναικί. ἐμοὶ δὲ πάντα αἴσια σημαίνεται, ἐὰν ἐγὼ θέλω· ὅ τι γὰρ ἂν τούτων ἀποβαίνῃ, ἐπ' ἐμοί ἐστιν ὠφεληθῆναι ἀπ' αὐτοῦ".

19

Ἀνίκητος εἶναι δύνασαι, ἐὰν εἰς μηδένα ἀγῶνα καταβαίνῃς, ὃν οὐκ ἔστιν ἐπὶ σοὶ νικῆσαι. ὅρα μήποτε ἰδών τινα προτιμώμενον ἢ μέγα δυνάμενον ἢ ἄλλως εὐδοκιμοῦντα μακαρίσῃς, ὑπὸ τῆς φαντασίας συναρπασθείς. ἐὰν γὰρ ἐν τοῖς ἐφ' ἡμῖν ἡ οὐσία τοῦ ἀγαθοῦ ᾖ, οὔτε φθόνος οὔτε ζηλοτυπία χώραν ἔχει· σύ τε αὐτὸς οὐ στρατηγός, οὐ πρύτανις ἢ ὕπατος εἶναι θελήσεις, ἀλλ' ἐλεύθερος. μία δὲ ὁδὸς πρὸς τοῦτο, καταφρόνησις τῶν οὐκ ἐφ' ἡμῖν.

Spiele sie, ob sie nun kurz oder lang ist. Wenn er verlangt, daß du einen Bettler darstellst, so spiele auch diesen angemessen; ein Gleiches gilt für einen Krüppel, einen Herrscher oder einen Durchschnittsmenschen.

Denn das allein ist deine Aufgabe: die dir zugeteilte Rolle gut zu spielen; sie auszuwählen, ist Sache eines anderen.

VORZEICHEN (18)

Wenn dir ein Rabe krächzend Unheil verkündet, laß dich nicht von deiner Vorstellung hinreißen, sondern triff sofort die Unterscheidung[32] bei dir und sag dir: «Keines dieser Vorzeichen gilt mir, sondern nur meinem erbärmlichen Körper, meinem bißchen Besitz, meinem kümmerlichen Ansehen, meinen Kindern oder meiner Frau. Mir aber wird überhaupt nur Glück prophezeit, wenn ich es will. Was auch immer davon eintreffen mag – es liegt bei mir, Nutzen daraus zu ziehen.»

WAHRE FREIHEIT (19)

Du kannst unbesiegbar sein, wenn du dich auf keinen Kampf[33] einläßt, in dem der Sieg nicht von dir abhängt. Wenn du jemanden siehst, der hochgeehrt, sehr mächtig oder sonst in großem Ansehen steht, laß dich nicht von dem äußeren Eindruck blenden und preise ihn nicht glücklich. Denn wenn das wahre Wesen des Guten zu dem gehört, was in unserer Macht steht, dann ist weder Neid noch Eifersucht am Platze. Du selbst willst doch kein Feldherr, Senator oder Konsul sein, sondern ein freier Mann. Dahin führt aber nur ein einziger Weg[34]: Alles gering zu schätzen, was nicht in unserer Macht steht.

20

Μέμνησο, ὅτι οὐχ ὁ λοιδορῶν ἢ ὁ τύπτων ὑβρίζει, ἀλλὰ τὸ δόγμα τὸ περὶ τούτων ὡς ὑβριζόντων. ὅταν οὖν ἐρεθίσῃ σέ τις, ἴσθι, ὅτι ἡ σή σε ὑπόληψις ἠρέθικε. τοιγαροῦν ἐν πρώτοις πειρῶ ὑπὸ τῆς φαντασίας μὴ συναρπασθῆναι· ἂν γὰρ ἅπαξ χρόνου καὶ διατριβῆς τύχῃς, ῥᾷον κρατήσεις σεαυτοῦ.

21

Θάνατος καὶ φυγὴ καὶ πάντα τὰ δεινὰ φαινόμενα πρὸ ὀφθαλμῶν ἔστω σοι καθ' ἡμέραν, μάλιστα δὲ πάντων ὁ θάνατος· καὶ οὐδὲν οὐδέποτε οὔτε ταπεινὸν ἐνθυμηθήσῃ οὔτε ἄγαν ἐπιθυμήσεις τινός.

22

Εἰ φιλοσοφίας ἐπιθυμεῖς, παρασκευάζου αὐτόθεν ὡς καταγελασθησόμενος, ὡς καταμωκησομένων σου πολλῶν, ὡς ἐρούντων ὅτι „ἄφνω φιλόσοφος ἡμῖν ἐπανελήλυθε" καὶ „πόθεν ἡμῖν αὕτη ἡ ὀφρύς;"

Σὺ δὲ ὀφρὺν μὲν μὴ σχῇς· τῶν δὲ βελτίστων σοι φαινομένων οὕτως ἔχου, ὡς ὑπὸ τοῦ θεοῦ τεταγμένος εἰς ταύτην τὴν χώραν· μέμνησό τε διότι, ἐὰν μὲν ἐμμείνῃς τοῖς αὐτοῖς, οἱ καταγελῶντές σου τὸ πρότερον οὗτοί σε ὕστερον θαυμάσονται, ἐὰν δὲ ἡττηθῇς αὐτῶν, διπλοῦν προσλήψῃ καταγέλωτα.

BELEIDIGUNGEN KÖNNEN MICH NICHT TREFFEN (20)

Sei dir dessen bewußt, daß dich derjenige nicht verletzen kann, der dich beschimpft oder schlägt; es ist vielmehr deine Meinung, daß diese Leute dich verletzen. Wenn dich also jemand reizt, dann wisse, daß es deine eigene Auffassung ist[35], die dich gereizt hat. Deshalb versuche vor allem, dich von deinem ersten Eindruck nicht hinreißen zu lassen. Denn wenn du dir Zeit zum Nachdenken nimmst, dann wirst du die Dinge leichter in den Griff bekommen.

NACHDENKEN ÜBER DEN TOD (21)

Tod, Verbannung und alles andere, was als furchtbar gilt, halte dir täglich vor Augen, besonders aber den Tod[36], und du wirst niemals kleinliche Gedanken haben oder etwas übermäßig begehren.

SICH NICHT BEIRREN LASSEN (22)

Wenn du nach Weisheit strebst, so mach dich von vornherein darauf gefaßt, daß man dich auslachen wird und daß dich viele verspotten und sagen werden: «Er ist plötzlich als Philosoph wiedergekommen.» Oder: «Wie kommt es, daß er auf einmal die Brauen so hochzieht?»

Du brauchst aber die Brauen nicht hoch zu ziehen. Aber halte dich an das, was dir als das Beste erscheint, so als ob du von Gott auf diesen Posten gestellt wärest. Erinnere dich daran: Wenn du dabei bleibst, dann werden dich alle, die dich vorher ausgelacht haben, nachher bewundern. Wenn du dich aber von ihnen einschüchtern läßt, dann wird man dich doppelt auslachen.

23

Ἐάν ποτέ σοι γένηται ἔξω στραφῆναι πρὸς τὸ βούλεσθαι ἀρέσαι τινί, ἴσθι ὅτι ἀπώλεσας τὴν ἔνστασιν. ἀρκοῦ ἐν παντὶ τῷ εἶναι φιλόσοφος, εἰ δὲ καὶ δοκεῖν βούλει, σαυτῷ φαίνου καὶ ἱκανὸς ἔσῃ.

24

Οὗτοί σε οἱ διαλογισμοὶ μὴ θλιβέτωσαν „ἄτιμος ἐγὼ βιώσομαι καὶ οὐδεὶς οὐδαμοῦ". εἰ γὰρ ἡ ἀτιμία ἐστὶ κακόν, οὐ δύνασαι ἐν κακῷ εἶναι δι' ἄλλον, οὐ μᾶλλον ἢ ἐν αἰσχρῷ· μή τι οὖν σόν ἐστιν ἔργον τὸ ἀρχῆς τυχεῖν ἢ παραληφθῆναι ἐφ' ἑστίασιν; οὐδαμῶς. πῶς οὖν ἔτι τοῦτ' ἔστιν ἀτιμία; πῶς δὲ οὐδεὶς οὐδαμοῦ ἔσῃ, ὃν ἐν μόνοις εἶναί τινα δεῖ τοῖς ἐπὶ σοί, ἐν οἷς ἔξεστί σοι εἶναι πλείστου ἀξίῳ;

Ἀλλά σοι οἱ φίλοι ἀβοήθητοι ἔσονται. τί λέγεις τὸ „ἀβοήθητοι"; οὐχ ἕξουσι παρὰ σοῦ κερμάτιον· οὐδὲ πολίτας Ῥωμαίων αὐτοὺς ποιήσεις· τίς οὖν σοι εἶπεν, ὅτι ταῦτα τῶν ἐφ' ἡμῖν ἐστιν, οὐχὶ δὲ ἀλλότρια ἔργα; τίς δὲ δοῦναι δύναται ἑτέρῳ, ἃ μὴ ἔχει αὐτός; „κτῆσαι οὖν", φησίν, „ἵνα ἡμεῖς ἔχωμεν". εἰ δύναμαι κτήσασθαι

DEM LEBENSPLAN TREU BLEIBEN (23)

Wenn es dir einmal passiert, daß du dich den Äußerlichkeiten zuwendest, weil du jemandem gefallen willst, dann sei dir darüber im klaren: Du hast deinen Lebensplan aufgegeben. Es muß dir also ganz und gar genügen, ein Philosoph zu sein; wenn du aber auch als solcher angesehen werden willst[37], dann sieh dich selbst als solchen an, und du wirst zufrieden sein.

WOZU BIN ICH NÜTZLICH? (24)

Diese Gedanken dürfen dich nicht quälen: «Ich werde ohne Ansehen leben und nirgends etwas gelten.» Falls das Fehlen von Ansehen wirklich ein Unglück ist: du kannst doch nicht durch einen anderen im Unglück oder in Schande[38] leben. Hängt es etwa von dir ab, ein Amt zu bekommen oder zu einem Gastmahl eingeladen zu werden? Keineswegs. Wieso ist dies dann noch als Fehlen von Ansehen zu verstehen? Wie kann es sein, daß du nirgends etwas giltst, da du doch einzig auf dem Gebiet, das in deiner Macht steht, etwas bedeuten sollst, wo es dir möglich ist, am bedeutendsten zu sein?

Aber du hast Freunde und kannst ihnen nicht helfen? Was meinst du mit «nicht helfen können»? Sie werden von dir kein Geld bekommen; du wirst ihnen auch nicht das römische Bürgerrecht verschaffen können. Wer hat dir denn gesagt, daß dies zu den Dingen gehört, die in unserer Macht stehen, obwohl sie in Wirklichkeit unserem Einfluß entzogen sind? Wer kann jemandem etwas geben, was er selbst gar nicht besitzt? «Dann verschaff dir Geld», sagt ein Freund, «damit auch wir etwas davon haben.» Wenn ich

τηρῶν ἐμαυτὸν αἰδήμονα καὶ πιστὸν καὶ μεγαλόφρονα, δείκνυε τὴν ὁδὸν καὶ κτήσομαι. εἰ δ' ἐμὲ ἀξιοῦτε τὰ ἀγαθὰ ἐμαυτοῦ ἀπολέσαι, ἵνα ὑμεῖς τὰ μὴ ἀγαθὰ περιποιήσησθε, ὁρᾶτε ὑμεῖς, πῶς ἄνισοί ἐστε καὶ ἀγνώμονες.

Τί δὲ καὶ βούλεσθε μᾶλλον; ἀργύριον ἢ φίλον πιστὸν καὶ αἰδήμονα; εἰς τοῦτο οὖν μοι μᾶλλον συλλαμβάνετε καὶ μή, δι' ὧν ἀποβαλῶ αὐτὰ ταῦτα, ἐκεῖνά με πράσσειν ἀξιοῦτε.

„Ἀλλ' ἡ πατρίς, ὅσον ἐπ' ἐμοί", φησίν, „ἀβοήθητος ἔσται". πάλιν, ποίαν καὶ ταύτην βοήθειαν; στοὰς οὐχ ἕξει διὰ σὲ οὔτε βαλανεῖα. καὶ τί τοῦτο; οὐδὲ γὰρ ὑποδήματα ἔχει διὰ τὸν χαλκέα οὐδ' ὅπλα διὰ τὸν σκυτέα· ἱκανὸν δέ, ἐὰν ἕκαστος ἐκπληρώσῃ τὸ ἑαυτοῦ ἔργον. εἰ δὲ ἄλλον τινὰ αὐτῇ κατεσκεύαζες πολίτην πιστὸν καὶ αἰδήμονα, οὐδὲν ἂν αὐτὴν ὠφέλεις; „ναί." οὐκοῦν οὐδὲ σὺ αὐτὸς ἀνωφελὴς ἂν εἴης αὐτῇ. „τίνα οὖν ἕξω", φησί, „χώραν ἐν τῇ πόλει;" ἣν ἂν δύνῃ φυλάττων ἅμα τὸν πιστὸν καὶ αἰδήμονα. εἰ δὲ ἐκείνην ὠφελεῖν βουλόμενος ἀποβαλεῖς ταῦτα, τί ὄφελος αὐτῇ γένοιο ἀναιδὴς καὶ ἄπιστος ἀποτελεσθείς;

25

Προετιμήθη σού τις ἐν ἑστιάσει ἢ ἐν προσαγορεύσει ἢ ἐν τῷ παραληφθῆναι εἰς συμβουλίαν; εἰ μὲν ἀγαθὰ ταῦτά

Geld bekommen kann, ohne dabei meine Zurückhaltung[39], meine Zuverlässigkeit und Glaubwürdigkeit[40] und meine Großzügigkeit zu verlieren, dann zeige mir den Weg, und ich werde das Geld erwerben. Wenn ihr aber von mir verlangt, daß ich meine Güter aufgebe, damit ihr zu Gütern kommt, die gar keine sind, dann müßt ihr begreifen, wie ungerecht und unverständig ihr seid.

Was wollt ihr denn lieber haben? Geld oder einen verläßlichen und bescheidenen Freund? Helft mir also lieber dabei und verlangt nicht von mir, daß ich etwas tue, wodurch ich diese Eigenschaften verliere.

«Aber das Vaterland wird von mir keinen Nutzen haben.» Dazu ist wiederum zu fragen: Welche Art von Nutzen meinst du? Säulenhallen und Badeanstalten wird es nicht von dir bekommen. Aber was heißt das schon? Denn es bekommt ja auch keine Schuhe vom Schmied und keine Waffen vom Schuster. Es reicht, wenn jeder seine eigene Aufgabe erfüllt[41]. Wenn du aus irgendeinem Mitmenschen einen zuverlässigen und bescheidenen Mitbürger machtest, wärst du damit dem Vaterland etwa nicht nützlich? «Doch.» Folglich dürftest du ihm auch nicht nutzlos sein. «Welche Stellung werde ich im Staat einnehmen?» Die Stellung, die du ausfüllen kannst, ohne dabei deine Zuverlässigkeit und Bescheidenheit zu verlieren. Wenn du diese Eigenschaften aber verlierst, weil du dem Staat dienen willst, was dürfte es ihm nützen, wenn du am Ende unzuverlässig und unbescheiden geworden bist?

ÜBER DIE BEDINGUNGEN DES ÖFFENTLICHEN ERFOLGES (25)

Es wurde dir jemand bei einer Einladung oder bei einer morgendlichen Begrüßung[42] vorgezogen, oder du bist nicht

ἐστι, χαίρειν σε δεῖ, ὅτι ἔτυχεν αὐτῶν ἐκεῖνος· εἰ δὲ κακά, μὴ ἄχθου, ὅτι σὺ αὐτῶν οὐκ ἔτυχες·

Μέμνησο δέ, ὅτι οὐ δύνασαι μὴ ταὐτὰ ποιῶν πρὸς τὸ τυγχάνειν τῶν οὐκ ἐφ᾽ ἡμῖν τῶν ἴσων ἀξιοῦσθαι. πῶς γὰρ ἴσον ἔχειν δύναται ὁ μὴ φοιτῶν ἐπὶ θύρας τινὸς τῷ φοιτῶντι; ὁ μὴ παραπέμπων τῷ παραπέμποντι; ὁ μὴ ἐπαινῶν τῷ ἐπαινοῦντι.

Ἄδικος οὖν ἔσῃ καὶ ἄπληστος, εἰ μὴ προϊέμενος ταῦτα, ἀνθ᾽ ὧν ἐκεῖνα πιπράσκεται, προῖκα αὐτὰ βουλήσῃ λαμβάνειν. ἀλλὰ πόσου πιπράσκονται θρίδακες; ὀβολοῦ, ἂν οὕτω τύχῃ. ἂν οὖν τις προέμενος τὸν ὀβολὸν λάβῃ θρίδακας, σὺ δὲ μὴ προέμενος μὴ λάβῃς, μὴ οἴου ἔλαττον ἔχειν τοῦ λαβόντος. ὡς γὰρ ἐκεῖνος ἔχει θρίδακας, οὕτω σὺ τὸν ὀβολόν, ὃν οὐκ ἔδωκας.

Τὸν αὐτὸν δὴ τρόπον καὶ ἐνταῦθα. οὐ παρεκλήθης ἐφ᾽ ἑστίασίν τινος; οὐ γὰρ ἔδωκας τῷ καλοῦντι, ὅσου πωλεῖ τὸ δεῖπνον. ἐπαίνου δ᾽ αὐτὸ πωλεῖ, θεραπείας πωλεῖ. δὸς οὖν τὸ διάφορον, εἰ σοι λυσιτελεῖ, ὅσου πωλεῖται. εἰ δὲ κἀκεῖνα θέλεις μὴ προΐεσθαι καὶ ταῦτα λαμβάνειν, ἄπληστος εἶ καὶ ἀβέλτερος.

Οὐδὲν οὖν ἔχεις ἀντὶ τοῦ δείπνου; ἔχεις μὲν οὖν τὸ μὴ ἐπαινέσαι τοῦτον, ὃν οὐκ ἤθελες, τὸ μὴ ἀνασχέσθαι αὐτοῦ τῶν ἐπὶ τῆς εἰσόδου.

um einen Rat gebeten worden? Wenn dies etwas Gutes ist, dann solltest du dich freuen, daß jemand anders in seinen Genuß gekommen ist. Wenn es aber etwas Schlechtes ist, dann ärgere dich nicht, daß du es nicht bekommen hast.

Bedenke doch, daß du, wenn du nicht dasselbe tust wie die anderen, um das zu bekommen, was nicht in unserer Macht steht, nicht dasselbe beanspruchen kannst. Denn wie kann einer, der nicht die Klinken eines Mächtigen putzt, dasselbe beanspruchen wie einer, der es tut? Entsprechendes gilt für den, der sich im Gefolge eines Mächtigen sehen läßt, und den, der das nicht tut, oder für den, der diesen lobt, und den, der das sein läßt.

Du wirst ungerecht und unersättlich sein, wenn du jenes, ohne den Preis zu bezahlen, für den man es kaufen kann, umsonst haben willst. Wieviel kostet zum Beispiel der Salat? Einen Obolus vielleicht. Wenn also jemand den Obolus hinlegt und dafür seinen Salat bekommt, du aber nichts hinlegst und nichts bekommst, dann darfst du nicht glauben, daß du schlechter daran bist als derjenige, der etwas bekommt. Denn wie jener seinen Salat hat, so hast du noch den Obolus, den du nicht ausgegeben hast.

Dasselbe ist auch hier der Fall. Du bist nicht zum Essen eingeladen worden? Du hast nämlich dem Gastgeber den Preis nicht bezahlt, für den er sein Essen verkauft. Für ein Lob oder eine Aufmerksamkeit verkauft er es. Gib ihm den Preis, für den er es verkauft, wenn es dir nützlich ist. Wenn du das eine aber nicht bezahlen und das andere trotzdem haben willst, dann bist du unverschämt und einfältig.

Hast du nichts statt der Einladung? Du kannst doch sagen, du hast den nicht gelobt, den du nicht loben wolltest, und du brauchst dich nicht mit den Wächtern an seiner Tür auseinanderzusetzen[43].

26

Τὸ βούλημα τῆς φύσεως καταμαθεῖν ἔστιν ἐξ ὧν οὐ διαφερόμεθα πρὸς ἀλλήλους. οἷον, ὅταν ἄλλου παιδάριον κατεάξῃ τὸ ποτήριον, πρόχειρον εὐθὺς λέγειν ὅτι „τῶν γινομένων ἐστίν". ἴσθι οὖν, ὅτι, ὅταν καὶ τὸ σὸν κατεαγῇ, τοιοῦτον εἶναί σε δεῖ, ὁποῖον ὅτε καὶ τὸ τοῦ ἄλλου κατεάγη. οὕτω μετατίθει καὶ ἐπὶ τὰ μείζονα. τέκνον ἄλλου τέθνηκεν ἢ γυνή; οὐδείς ἐστιν ὃς οὐκ ἂν εἴποι ὅτι „ἀνθρώπινον". ἀλλ' ὅταν τὸ αὐτοῦ τινος ἀποθάνῃ, εὐθὺς „οἴμοι, τάλας ἐγώ". ἐχρῆν δὲ μεμνῆσθαι, τί πάσχομεν περὶ ἄλλων αὐτὸ ἀκούσαντες.

27

Ὥσπερ σκοπὸς πρὸς τὸ ἀποτυχεῖν οὐ τίθεται, οὕτως οὐδὲ κακοῦ φύσις ἐν κόσμῳ γίνεται.

28

Εἰ μὲν τὸ σῶμά σού τις ἐπέτρεπε τῷ ἀπαντήσαντι, ἠγανάκτεις ἄν· ὅτι δὲ σὺ τὴν γνώμην τὴν σεαυτοῦ ἐπιτρέπεις τῷ τυχόντι, ἵνα, ἐὰν λοιδορήσηταί σοι, ταραχθῇ ἐκείνη καὶ συγχυθῇ, οὐκ αἰσχύνῃ τούτου ἕνεκα;

LEID IST FÜR ALLE GLEICH (26)

Den Willen der Natur kann man dort erkennen, wo wir uns nicht voneinander unterscheiden. Wenn zum Beispiel der Diener eines anderen das Trinkglas zerbricht, dann sagt man sogleich: «Das kann schon einmal passieren.» Also sei dir darüber im klaren: Wenn dein eigenes Trinkglas zerbricht, dann mußt du dich konsequenterweise genauso verhalten wie damals, als das Glas des anderen zerbrach. Übertrage dies nun auch auf wichtigere Dinge. Ein Kind oder die Frau eines anderen ist gestorben. Es gibt keinen, der nicht sagen würde: «Das ist nun einmal das Los des Menschen.» Aber wenn einem das eigene Kind stirbt, dann jammert er sofort: «Ach, ich Armer.» Aber es wäre nötig, daß wir bedenken, was wir empfinden, wenn wir bei einem anderen von einem solchen Unglück hören.

DAS BÖSE (27)

Wie kein Ziel aufgestellt wird, damit man es verfehle, so gibt es auch nichts von Natur aus Böses in der Welt[44].

LASS DICH NICHT AUS DER FASSUNG BRINGEN (28)

Wenn jemand deinen Körper dem ersten besten, der dir begegnet, übergeben würde, dann wärst du empört. Daß du aber dein Herz jedem Beliebigen überläßt, und es sich, wenn du beschimpft wirst, aufregt und aus der Fassung gerät – deshalb schämst du dich nicht?

29

Ἑκάστου ἔργου σκόπει τὰ καθηγούμενα καὶ τὰ ἀκόλουθα αὐτοῦ καὶ οὕτως ἔρχου ἐπ᾽ αὐτό. εἰ δὲ μή, τὴν μὲν πρώτην προθύμως ἥξεις ἅτε μηδὲν τῶν ἑξῆς ἐντεθυμημένος, ὕστερον δὲ ἀναφανέντων δυσχερῶν τινων αἰσχρῶς ἀποστήσῃ.

Θέλεις Ὀλύμπια νικῆσαι; κἀγώ, νὴ τοὺς θεούς· κομψὸν γάρ ἐστιν. ἀλλὰ σκόπει τὰ καθηγούμενα καὶ τὰ ἀκόλουθα καὶ οὕτως ἅπτου τοῦ ἔργου. δεῖ σ᾽ εὐτακτεῖν, ἀναγκοτροφεῖν, ἀπέχεσθαι πεμμάτων, γυμνάζεσθαι πρὸς ἀνάγκην, ἐν ὥρᾳ τεταγμένῃ, ἐν καύματι, ἐν ψύχει, μὴ ψυχρὸν πίνειν, μὴ οἶνον, ὡς ἔτυχεν, ἁπλῶς ὡς ἰατρῷ παραδεδωκέναι σεαυτὸν τῷ ἐπιστάτῃ, εἶτα ἐν τῷ ἀγῶνι παρορύσσεσθαι, ἔστι δὲ ὅτε χεῖρα ἐκβαλεῖν, σφυρὸν στρέψαι, πολλὴν ἁφὴν καταπιεῖν, ἔσθ᾽ ὅτε μαστιγωθῆναι καὶ μετὰ τούτων πάντων νικηθῆναι.

Ταῦτα ἐπισκεψάμενος, ἂν ἔτι θέλῃς, ἔρχου ἐπὶ τὸ ἀθλεῖν. εἰ δὲ μή, ὡς τὰ παιδία ἀναστραφήσῃ, ἃ νῦν μὲν παλαιστὰς παίζει, νῦν δὲ μονομάχους, νῦν δὲ σαλπίζει, εἶτα τραγῳδεῖ· οὕτω καὶ σὺ νῦν μὲν ἀθλητής, νῦν δὲ μονομάχος, εἶτα ῥήτωρ, εἶτα φιλόσοφος, ὅλῃ δὲ τῇ ψυχῇ οὐδέν· ἀλλ᾽ ὡς πίθηκος πᾶσαν θέαν, ἣν ἂν ἴδῃς, μιμῇ καὶ ἄλλο ἐξ ἄλλου σοι ἀρέσκει. οὐ γὰρ μετὰ σκέψεως ἦλθες

MAN MUSS SICH ENTSCHEIDEN (29)

Bei jeder Tat prüfe ihre Voraussetzungen und Folgen und geh erst dann an sie heran. Wenn du das nicht tust, wirst du dich anfangs mit Begeisterung auf die Sache werfen, da du ja nicht an ihre Folgen gedacht hast; wenn später aber irgendwelche Schwierigkeiten auftreten, dann wirst du aufgeben und Schimpf und Schande ernten.

Du willst in Olympia siegen? Das will ich auch, bei den Göttern. Denn das ist eine schöne Sache. Aber denke an die Voraussetzungen und Folgen und dann erst geh an die Sache heran. Du mußt dich einer strengen Disziplin unterwerfen, eine Diät einhalten, darfst keinen Kuchen mehr essen, mußt nach einem genauen Plan trainieren – zu festgesetzter Zeit, bei Hitze und Kälte. Dann darfst du kein kaltes Wasser und keinen Wein trinken, wenn du Lust dazu hast, du hast dich dem Trainer wie einem Arzt auszuliefern. Darauf mußt du dich beim Wettkampf auf der Erde wälzen. Es kann auch vorkommen, daß du dir die Hand verrenkst, den Fuß verstauchst und viel Staub schlucken mußt. Manchmal bekommst du sogar Schläge – und nach all diesen Anstrengungen mußt du vielleicht am Ende eine Niederlage hinnehmen.

Wenn du dies alles bedacht hast und noch willst, dann nimm an den Spielen teil. Andernfalls wirst du dich wie die Kinder benehmen, die einmal Ringkampf, ein anderes Mal Gladiatorenkampf[45] spielen, bald Trompete blasen, bald Theater spielen. So bist auch du heute ein Ringer, morgen ein Gladiator, dann wieder Redner und ein anderes Mal Philosoph. Mit ganzer Seele aber bist du gar nichts, sondern wie ein Affe machst du alles nach, was du siehst, und heute gefällt dir dieses, morgen jenes. Denn du gehst ohne Überlegung und ohne gründliche Prüfung

ἐπί τι οὐδὲ περιοδεύσας, ἀλλ' εἰκῇ καὶ κατὰ ψυχρὰν ἐπιθυμίαν.

Οὕτω θεασάμενοί τινες φιλόσοφον καὶ ἀκούσαντες οὕτω τινὸς λέγοντος, ὡς Εὐφράτης λέγει (καίτοι τίς οὕτω δύναται εἰπεῖν, ὡς ἐκεῖνος;), θέλουσι καὶ αὐτοὶ φιλοσοφεῖν. ἄνθρωπε, πρῶτον ἐπίσκεψαι, ὁποῖόν ἐστι τὸ πρᾶγμα· εἶτα καὶ τὴν σεαυτοῦ φύσιν κατάμαθε, εἰ δύνασαι βαστάσαι. πένταθλος εἶναι βούλει ἢ παλαιστής; ἴδε σεαυτοῦ τοὺς βραχίονας, τοὺς μηρούς, τὴν ὀσφὺν κατάμαθε. ἄλλος γὰρ πρὸς ἄλλο πέφυκε.

Δοκεῖς, ὅτι ταῦτα ποιῶν ὡσαύτως δύνασαι ἐσθίειν, ὡσαύτως πίνειν, ὁμοίως ὀρέγεσθαι, ὁμοίως δυσαρεστεῖν; ἀγρυπνῆσαι δεῖ, πονῆσαι, ἀπὸ τῶν οἰκείων ἀπελθεῖν, ὑπὸ παιδαρίου καταφρονηθῆναι, ὑπὸ τῶν ἀπαντώντων καταγελασθῆναι, ἐν παντὶ ἧττον ἔχειν, ἐν τιμῇ, ἐν ἀρχῇ, ἐν δίκῃ, ἐν πραγματίῳ παντί. ταῦτα ἐπίσκεψαι. εἰ θέλεις ἀντικαταλλάξασθαι τούτων ἀπάθειαν, ἐλευθερίαν, ἀταραξίαν.·

Εἰ δὲ μή, μὴ προσάγαγε. μὴ ὡς τὰ παιδία νῦν φιλόσοφος, ὕστερον δὲ τελώνης, εἶτα ῥήτωρ, εἶτα ἐπίτροπος Καίσαρος. ταῦτα οὐ συμφωνεῖ. ἕνα σε δεῖ ἄνθρωπον ἢ ἀγαθὸν ἢ κακὸν εἶναι·

Ἢ τὸ ἡγεμονικόν σε δεῖ ἐξεργάζεσθαι τὸ σαυτοῦ ἢ τὰ ἐκτὸς ἢ περὶ τὰ ἔσω φιλοτεχνεῖν ἢ περὶ τὰ ἔξω· τοῦτ' ἔστιν ἢ φιλοσόφου τάξιν ἐπέχειν ἢ ἰδιώτου.

an eine Sache heran. Du folgst bedenkenlos jeder zufälligen Laune.

So haben zum Beispiel manche einen Philosophen gesehen und reden hören, wie Euphrates[46] redet – in der Tat: Wer kann so reden wie er? –, und nun wollen sie selbst Philosophen sein. Mensch, überlege dir doch, worum es eigentlich geht. Dann prüfe deine eigenen Fähigkeiten, ob du der Sache auch gewachsen bist. Du willst Fünfkämpfer oder Ringer werden? Sieh dir deine Arme und deine Schultern an, untersuche deine Hüften. Denn der eine ist für dieses, der andere für jenes geeignet.

Meinst du, daß du bei dieser Tätigkeit[47] wie bisher essen und trinken oder die gleichen Wünsche und Abneigungen haben kannst? Du mußt auf Schlaf verzichten, Anstrengungen auf dich nehmen[48], die Angehörigen verlassen, von einem Sklaven dich verachten lassen, dich von den Leuten auf der Straße auslachen lassen, in allem unterlegen sein, wenn es um eine Stellung oder ein Amt geht und wenn du vor Gericht stehst, in jeder Hinsicht also mußt du Nachteile in Kauf nehmen. Überleg es dir gut: Willst du um diesen Preis innere Ruhe, Freiheit und Ungestörtheit gewinnen?

Wenn du das nicht willst, dann fang gar nicht erst an, damit du es nicht wie die Kinder machst: Heute Philosoph, morgen Zöllner, dann Redner, dann Beamter des Kaisers. Das paßt nicht zusammen. Du kannst nur eines sein: ein guter oder ein schlechter Mensch[49].

Du mußt dich entscheiden: Entweder arbeitest du für deine Seele oder für die äußeren Dinge. Entweder bemühst du dich um das Innere oder um das Äußere, das heißt, entweder spielst du die Rolle eines Philosophen oder eines gewöhnlichen Menschen.

30

Τὰ καθήκοντα ὡς ἐπίπαν ταῖς σχέσεσι παραμετρεῖται. πατήρ ἐστιν· ὑπαγορεύεται ἐπιμελεῖσθαι, παραχωρεῖν ἁπάντων, ἀνέχεσθαι λοιδοροῦντος, παίοντος. „ἀλλὰ πατὴρ κακός ἐστι". μή τι οὖν πρὸς ἀγαθὸν πατέρα φύσει ᾠκειώθης; ἀλλὰ πρὸς πατέρα. „ὁ ἀδελφὸς ἀδικεῖ." τήρει τοιγαροῦν τὴν τάξιν τὴν σεαυτοῦ πρὸς αὐτὸν μηδὲ σκόπει, τί ἐκεῖνος ποιεῖ, ἀλλὰ τί σοὶ ποιήσαντι κατὰ φύσιν ἡ σὴ ἕξει προαίρεσις· σὲ γὰρ ἄλλος οὐ βλάψει, ἂν μὴ σὺ θέλῃς· τότε δὲ ἔσῃ βεβλαμμένος, ὅταν ὑπολάβῃς βλάπτεσθαι.

Οὕτως οὖν ἀπὸ τοῦ γείτονος, ἀπὸ τοῦ πολίτου, ἀπὸ τοῦ στρατηγοῦ τὸ καθῆκον εὑρήσεις, ἐὰν τὰς σχέσεις ἐθίζῃ θεωρεῖν.

31

Τῆς περὶ τοὺς θεοὺς εὐσεβείας ἴσθι ὅτι τὸ κυριώτατον ἐκεῖνό ἐστιν, ὀρθὰς ὑπολήψεις περὶ αὐτῶν ἔχειν ὡς ὄντων καὶ διοικούντων τὰ ὅλα καλῶς καὶ δικαίως καὶ σαυτὸν εἰς τοῦτο κατατεταχέναι, τὸ πείθεσθαι αὐτοῖς καὶ εἴκειν πᾶσι τοῖς γινομένοις καὶ ἀκολουθεῖν ἑκόντα ὡς ὑπὸ τῆς ἀρίστης γνώμης ἐπιτελουμένοις. οὕτω γὰρ οὐ μέμψῃ ποτὲ τοὺς θεοὺς οὔτε ἐγκαλέσεις ὡς ἀμελούμενος.

DIE PFLICHTEN (30)

Unsere Pflichten[50] richten sich im allgemeinen nach unseren sozialen Beziehungen. Da ist ein Vater: Man ist dazu verpflichtet, sich um ihn zu kümmern, ihm in allem nachzugeben, es zu ertragen, wenn er schimpft und einen schlägt. «Aber es ist ein schlechter Vater.» Hast du dich etwa einem von Natur aus guten Vater anvertraut[51]? Nein, sondern nur einem Vater. «Mein Bruder tut mir unrecht.» Gut, aber ändere nicht dein Verhalten ihm gegenüber. Kümmere dich nicht darum, was er tut, sondern was du tun mußt, wenn deine sittliche Entscheidung in Übereinstimmung mit der Vernunftnatur bleiben soll. Denn dir wird kein anderer Schaden zufügen, wenn du es nicht willst. Du wirst aber dann geschädigt, wenn du annimmst, daß du geschädigt wirst.

So wirst du auch erkennen, was du von deinem Nachbarn, deinem Mitbürger und deinem Feldherrn zu erwarten hast, wenn du dich daran gewöhnst, deine sozialen Beziehungen zu ihnen zu berücksichtigen.

FRÖMMIGKEIT (31)

Was die Frömmigkeit gegenüber den Göttern betrifft, so wisse, daß es am wichtigsten ist, richtige Vorstellungen über sie zu haben: daß sie existieren und die ganze Welt schön und gerecht regieren und daß du dich darauf einstellen mußt, ihnen zu gehorchen und dich allem, was geschieht, zu fügen und freiwillig zu unterwerfen in der Überzeugung, daß es von der höchsten Vernunft vollzogen wurde. Dann wirst du die Götter nämlich niemals tadeln und ihnen vorwerfen, daß sie sich nicht um dich kümmerten.

Ἄλλως δὲ οὐχ οἷόν τε τοῦτο γίνεσθαι, ἐὰν μὴ ἄρῃς ἀπὸ τῶν οὐκ ἐφ' ἡμῖν καὶ ἐν τοῖς ἐφ' ἡμῖν μόνοις θῇς τὸ ἀγαθὸν καὶ τὸ κακόν. ὡς, ἄν γέ τι ἐκείνων ὑπολάβῃς ἀγαθὸν ἢ κακόν, πᾶσα ἀνάγκη, ὅταν ἀποτυγχάνῃς ὧν θέλεις καὶ περιπίπτῃς οἷς μὴ θέλεις, μέμψασθαί σε καὶ μισεῖν τοὺς αἰτίους. πέφυκε γὰρ πρὸς τοῦτο πᾶν ζῷον τὰ μὲν βλαβερὰ φαινόμενα καὶ τὰ αἴτια αὐτῶν φεύγειν καὶ ἐκτρέπεσθαι, τὰ δὲ ὠφέλιμα καὶ τὰ αἴτια αὐτῶν μετιέναι τε καὶ τεθηπέναι.

Ἀμήχανον οὖν βλάπτεσθαί τινα οἰόμενον χαίρειν τῷ δοκοῦντι βλάπτειν, ὥσπερ καὶ τὸ αὐτῇ τῇ βλάβῃ χαίρειν ἀδύνατον.

Ἔνθεν καὶ πατὴρ ὑπὸ υἱοῦ λοιδορεῖται, ὅταν τῶν δοκούντων ἀγαθῶν εἶναι τῷ παιδὶ μὴ μεταδιδῷ· καὶ Πολυνείκην καὶ Ἐτεοκλέα τοῦτ' ἐποίησε πολεμίους ἀλλήλοις τὸ ἀγαθὸν οἴεσθαι τὴν τυραννίδα. διὰ τοῦτο καὶ ὁ γεωργὸς λοιδορεῖ τοὺς θεούς, διὰ τοῦτο ὁ ναύτης, διὰ τοῦτο ὁ ἔμπορος, διὰ τοῦτο οἱ τὰς γυναῖκας καὶ τὰ τέκνα ἀπολλύντες. ὅπου γὰρ τὸ συμφέρον, ἐκεῖ καὶ τὸ εὐσεβές.

Ὥστε, ὅστις ἐπιμελεῖται τοῦ ὀρέγεσθαι ὡς δεῖ καὶ ἐκκλίνειν, ἐν τῷ αὐτῷ καὶ εὐσεβείας ἐπιμελεῖται. σπένδειν δὲ καὶ θύειν καὶ ἀπάρχεσθαι κατὰ τὰ πάτρια ἑκάστοτε προσήκει καθαρῶς καὶ μὴ ἐπισεσυρμένως μηδὲ ἀμελῶς μηδέ γε γλίσχρως μηδὲ ὑπὲρ δύναμιν.

Aber das ist nur dann möglich, wenn du deine Vorstellung von Gut und Böse nicht aus dem gewinnst, was nicht in unserer Macht steht, sondern allein dort suchst, wo wir freie Verfügungsgewalt haben. Denn wenn du etwas von den Dingen, die nicht in unserer Macht stehen, für gut oder schlecht hältst, dann ist es nur konsequent, daß du die Verursacher tadelst und haßt, sobald du etwas nicht bekommst, was du dir wünschst, oder wenn dir etwas zustößt, was du nicht willst. Denn es liegt in der Natur eines jeden Lebewesens, das, was ihm schädlich erscheint und was Schaden verursacht, zu meiden und zu fliehen, dem Nützlichen und seinen Ursachen aber nachzugehen und es zu bewundern[52].

Es ist undenkbar, daß sich einer, der sich geschädigt glaubt, über den vermeintlichen Urheber des Schadens freut, wie es ja auch ausgeschlossen ist, daß man sich über den Schaden selbst freut.

Daher wird auch ein Vater von seinem Sohn verwünscht, wenn er ihn nicht an den Dingen teilhaben läßt, die er für gut hält. So wurden auch Polyneikes und Eteokles[53] zu Feinden, weil sie glaubten, die Herrschaft sei ein Gut. Deshalb beschimpfen auch der Bauer, der Seemann und der Kaufmann die Götter, und dasselbe tun diejenigen, die ihre Frauen und Kinder verlieren. Denn wo Nutzen ist, dort ist auch Frömmigkeit.

Wer daher das Richtige erstrebt oder meidet, der ist auch fromm. Aber Trank- und Brandopfer darzubringen und die Erstlingsgaben nach altem Brauch darzubringen, ist jedermanns Pflicht – mit reinem Herzen, nicht gedankenlos, nicht nachlässig, nicht zu knausrig, aber auch nicht über unsere Möglichkeiten hinaus.

32

Ὅταν μαντικῇ προσίῃς, μέμνησο, ὅτι, τί μὲν ἀποβήσεται, οὐκ οἶδας, ἀλλὰ ἥκεις ὡς παρὰ τοῦ μάντεως αὐτὸ πευσόμενος, ὁποῖον δέ τι ἐστίν, ἐλήλυθας εἰδώς, εἴπερ εἶ φιλόσοφος. εἰ γάρ ἐστί τι τῶν οὐκ ἐφ' ἡμῖν, πᾶσα ἀνάγκη μήτε ἀγαθὸν αὐτὸ εἶναι μήτε κακόν. μὴ φέρε οὖν πρὸς τὸν μάντιν ὄρεξιν ἢ ἔκκλισιν μηδὲ τρέμων αὐτῷ πρόσει, ἀλλὰ διεγνωκώς, ὅτι πᾶν τὸ ἀποβησόμενον ἀδιάφορον καὶ οὐδὲν πρὸς σέ, ὁποῖον δ' ἂν ᾖ, ἔσται αὐτῷ χρήσασθαι καλῶς καὶ τοῦτο οὐδεὶς κωλύσει.

Θαρρῶν οὖν ὡς ἐπὶ συμβούλους ἔρχου τοὺς θεούς· καὶ λοιπόν, ὅταν τί σοι συμβουλευθῇ, μέμνησο τίνας συμβούλους παρέλαβες καὶ τίνων παρακούσεις ἀπειθήσας. ἔρχου δὲ ἐπὶ τὸ μαντεύεσθαι, καθάπερ ἠξίου Σωκράτης, ἐφ' ὧν ἡ πᾶσα σκέψις τὴν ἀναφορὰν εἰς τὴν ἔκβασιν ἔχει καὶ οὔτε ἐκ λόγου οὔτε ἐκ τέχνης τινὸς ἄλλης ἀφορμαὶ δίδονται πρὸς τὸ συνιδεῖν τὸ προκείμενον·

Ὥστε, ὅταν δεήσῃ συγκινδυνεῦσαι φίλῳ ἢ πατρίδι, μὴ μαντεύεσθαι, εἰ συγκινδυνευτέον. καὶ γὰρ ἂν προείπῃ σοι ὁ μάντις φαῦλα γεγονέναι τὰ ἱερά, δῆλον ὅτι θάνατος σημαίνεται ἢ πήρωσις μέρους τινὸς τοῦ σώματος ἢ φυγή·

ÜBER DIE BEFRAGUNG DES ORAKELS (32)

Wenn du zu einem Orakel[54] gehst, denke daran, daß du nicht weißt, was passieren wird, sondern daß du gekommen bist, um das vom Wahrsager zu erfahren. Von welcher Art aber eine Sache ist, das wußtest du schon, als du hingingst – falls du wirklich ein Philosoph bist. Denn wenn es etwas ist, was zu den Dingen gehört, die nicht in unserer Macht stehen, dann ist es zwangsläufig weder etwas Gutes noch etwas Schlimmes. Äußere also gegenüber dem Wahrsager weder einen Wunsch noch Ablehnung; geh auch nicht mit einem Gefühl der Angst zu ihm, sondern in der Überzeugung, daß alles, was geschehen wird, gleichgültig[55] ist und für dich keine Bedeutung hat. Was es auch sei, es wird dir möglich sein, einen guten Gebrauch davon zu machen, und niemand wird dich daran hindern.

Wende dich mutig an die Götter, die du als deine Ratgeber betrachten mögest. Und dann, wenn dir ein Rat erteilt wird, denke daran, an welche Ratgeber du dich gewandt hast und wem du den Gehorsam verweigerst, falls du nicht hörst. Aber wende dich nach dem Vorbild des Sokrates nur in solchen Fällen an das Orakel, wo sich die ganze Befragung auf den Ausgang des Geschehens richtet und wo es weder durch vernünftige Überlegung noch durch irgendeine andere Kunst möglich ist, die anstehenden Fragen zu klären.

Wenn es also nötig ist, einem Freund oder dem Vaterland beizustehen, frage nicht das Orakel, ob du Hilfe leisten sollst. Denn wenn dir der Wahrsager erklärt, daß die Opferzeichen etwas Schlimmes bedeuten, dann heißt dies, daß Tod, schwerer körperlicher Schaden oder Verbannung angekündigt werden. Die Vernunft jedoch gebietet, trotz die-

ἀλλ᾿ αἱρεῖ ὁ λόγος καὶ σὺν τούτοις παρίστασθαι τῷ φίλῳ καὶ τῇ πατρίδι συγκινδυνεύειν.

Τοιγαροῦν τῷ μείζονι μάντει πρόσεχε. τῷ Πυθίῳ, ὃς ἐξέβαλε τοῦ ναοῦ τὸν οὐ βοηθήσαντα ἀναιρουμένῳ τῷ φίλῳ.

33

Τάξον τινὰ ἤδη χαρακτῆρα σαυτῷ καὶ τύπον, ὃν φυλάξεις ἐπί τε σεαυτοῦ ὢν καὶ ἀνθρώποις ἐντυγχάνων.

Καὶ σιωπὴ τὸ πολὺ ἔστω ἢ λαλείσθω τὰ ἀναγκαῖα καὶ δι᾿ ὀλίγων. σπανίως δέ ποτε καιροῦ παρακαλοῦντος ἐπὶ τὸ λέγειν λέξον μέν, ἀλλὰ περὶ οὐδενὸς τῶν τυχόντων· μὴ περὶ μονομαχιῶν, μὴ περὶ ἱπποδρομιῶν, μὴ περὶ ἀθλητῶν, μὴ περὶ βρωμάτων ἢ πομάτων, τῶν ἑκασταχοῦ, μάλιστα δὲ μὴ περὶ ἀνθρώπων ψέγων ἢ ἐπαινῶν ἢ συγκρίνων. ἂν μὲν οὖν οἷός τε ᾖς, μετάγαγε τοῖς σοῖς λόγοις καὶ τοὺς τῶν συνόντων ἐπὶ τὸ προσῆκον. εἰ δὲ ἐν ἀλλοφύλοις ἀποληφθεὶς τύχοις, σιώπα.

Γέλως μὴ πολὺς ἔστω μηδὲ ἐπὶ πολλοῖς μηδὲ ἀνειμένος.

Ὅρκον παραίτησαι, εἰ μὲν οἷόν τε, εἰς ἅπαν, εἰ δὲ μή, ἐκ τῶν ἐνόντων.

Ἑστιάσεις τὰς ἔξω καὶ ἰδιωτικὰς διακρούου· ἐὰν δέ ποτε γίνηται καιρός, ἐντετάσθω σοι ἡ προσοχή, μήποτε ἄρα ὑπορρυῇς εἰς ἰδιωτισμόν. ἴσθι γάρ, ὅτι, ἐὰν ὁ ἑταῖρος ᾖ μεμολυσμένος, καὶ τὸν συνανατριβόμενον αὐτῷ συμμολύνεσθαι ἀνάγκη, κἂν αὐτὸς ὢν τύχῃ καθαρός.

ser Gefahren dem Freund zu helfen und dem Vaterland beizustehen.

Folge also dem größeren Wahrsager, dem pythischen Apoll[56], der einen Menschen des Tempels verwies, weil er seinem Freund in Lebensgefahr nicht zu Hilfe gekommen war.

LIEBER SCHWEIGEN (33)

Gib endlich deiner Persönlichkeit ein dauerhaftes Gepräge, das du bewahrst, ob du nun für dich allein oder mit anderen zusammen bist.

Schweige meistens oder sprich nur das Notwendige und das nur mit wenigen Worten. Selten aber und nur, wenn die Umstände dich zum Reden veranlassen, rede, aber nicht über die üblichen Themen, über Kämpfe in der Arena, über Pferderennen, Athleten, Essen und Trinken, die Allerweltsthemen. Vor allem sprich nicht über andere Leute, weder tadelnd, noch lobend oder sie vergleichend. Wenn du es schaffst, so lenke das gemeinsame Gespräch durch deinen Beitrag auf einen wertvollen Gegenstand. Bist du aber allein unter Fremden, so schweige lieber.

Lach nicht zu oft, nicht über zu viele Dinge und nicht ungehemmt.

Einen Eid mußt du ganz ablehnen, falls es geht; ist das nicht möglich, soweit es geht.

Lehne Einladungen bei Andersgesinnten und philosophisch Ungebildeten ab. Sollte es aber einmal unumgänglich sein, stell dich voll darauf ein, daß du niemals das Benehmen solcher Leute annimmst. Denn sei dir darüber im klaren: Hat man einen verkommenen Freund, so muß man, wenn man engen Umgang mit ihm pflegt, ebenso verkommen, auch wenn man selbst unverdorben ist.

Τὰ περὶ τὸ σῶμα μέχρι τῆς χρείας ψιλῆς παραλάμβανε, οἷον τροφάς, πόμα, ἀμπεχόνην, οἰκίαν, οἰκετίαν· τὸ δὲ πρὸς δόξαν ἢ τρυφὴν ἅπαν περίγραφε.

Περὶ ἀφροδίσια εἰς δύναμιν πρὸ γάμου καθαρευτέον· ἁπτομένῳ δὲ ὧν νόμιμόν ἐστι μεταληπτέον. μὴ μέντοι ἐπαχθὴς γίνου τοῖς χρωμένοις μηδὲ ἐλεγκτικός· μηδὲ πολλαχοῦ τὸ ὅτι αὐτὸς οὐ χρῇ, παράφερε.

Ἐὰν τίς σοι ἀπαγγείλῃ ὅτι ὁ δεῖνά σε κακῶς λέγει, μὴ ἀπολογοῦ πρὸς τὰ λεχθέντα, ἀλλ᾽ ἀποκρίνου διότι „ἠγνόει γὰρ τὰ ἄλλα τὰ προσόντα μοι κακά, ἐπεὶ οὐκ ἂν ταῦτα μόνα ἔλεγεν".

Εἰς τὰ θέατρα τὸ πολὺ παριέναι οὐκ ἀναγκαῖον. εἰ δέ ποτε καιρὸς εἴη, μηδενὶ σπουδάζων φαίνου ἢ σεαυτῷ, τοῦτ᾽ ἔστι θέλε γίνεσθαι μόνα τὰ γινόμενα καὶ νικᾶν μόνον τὸν νικῶντα· οὕτω γὰρ οὐκ ἐμποδισθήσῃ.

Βοῆς δὲ καὶ τοῦ ἐπιγελᾶν τινι ἢ ἐπὶ πολὺ συγκινεῖσθαι παντελῶς ἀπέχου. καὶ μετὰ τὸ ἀπαλλαγῆναι μὴ πολλὰ περὶ τῶν γεγενημένων διαλέγου, ὅσα μὴ φέρει πρὸς τὴν σὴν ἐπανόρθωσιν· ἐμφαίνεται γὰρ ἐκ τοῦ τοιούτου, ὅτι ἐθαύμασας τὴν θέαν.

Εἰς ἀκροάσεις τινῶν μὴ εἰκῇ μηδὲ ῥᾳδίως πάριθι· παριὼν δὲ τὸ σεμνὸν καὶ τὸ εὐσταθὲς καὶ ἅμα ἀνεπαχθὲς φύλασσε.

Ὅταν τινὶ μέλλῃς συμβαλεῖν, μάλιστα τῶν ἐν ὑπεροχῇ δοκούντων, πρόβαλε σαυτῷ, τί ἂν ἐποίησεν ἐν τούτῳ

Die körperlichen Bedürfnisse, wie Essen, Trinken, Kleidung, Wohnung und Bedienung, befriedige nur so weit, wie es unbedingt notwendig ist. Aber meide ganz, was äußeren Glanz verleiht oder dem Luxus dient.

In geschlechtlicher Hinsicht übe vor der Ehe größtmögliche Zurückhaltung. Wenn du dich dennoch darauf einläßt, so bleibe im Rahmen des gesetzlich Erlaubten. Beschimpfe und tadle auf jeden Fall nicht diejenigen, die sich dem Geschlechtsgenuß hingeben. Erzähle auch nicht überall, daß du dies nicht tust.

Wenn dir jemand mitteilt, dir sage jemand Böses nach, dann rechtfertige dich nicht, sondern antworte: «Er kannte wohl meine anderen Fehler nicht; denn sonst würde er nicht nur diese hier erwähnen.»

Es ist nicht nötig, häufig zu den öffentlichen Spielen[57] zu gehen. Wenn sich einmal die Gelegenheit dazu ergibt, dann zeige dich für niemanden besonders interessiert außer für dich selbst, das heißt, habe nur den Wunsch, daß alles so abläuft, wie es abläuft, und laß den Sieger Sieger sein. So gerätst du nämlich nicht aus der Fassung[58].

Verzichte ganz darauf zu schreien, über jemanden zu lachen oder dich zu sehr aufzuregen. Und wenn alles zu Ende ist, unterhalte dich nicht zu lange über das, was geschehen ist, soweit es nicht zu deinem eigenen Vorteil ist. Denn ein solches Verhalten zeigt, daß das Schauspiel deine Bewunderung hervorgerufen hat.

Zu den öffentlichen Autorenlesungen[59] geh nicht unüberlegt und ohne innere Bereitschaft. Gehst du aber hin, so bewahre deine Würde und Zurückhaltung[60] und sorge dafür, daß du niemandem lästig wirst[61].

Wenn du die Absicht hast, jemanden zu treffen, vor allem wenn es sich um eine hochgestellte Persönlichkeit handelt, dann stell dir vor, was Sokrates und Zenon[62] in dieser Situa-

Σωκράτης ἢ Ζήνων, καὶ οὐκ ἀπορήσεις τοῦ χρήσασθαι προσηκόντως τῷ ἐμπεσόντι.

Ὅταν φοιτᾷς πρός τινα τῶν μέγα δυναμένων, πρόβαλε, ὅτι οὐχ εὑρήσεις αὐτὸν ἔνδον, ὅτι ἀποκλεισθήσῃ, ὅτι ἐντιναχθήσονταί σοι αἱ θύραι, ὅτι οὐ φροντιεῖ σου. κἂν σὺν τούτοις ἐλθεῖν καθήκῃ, ἐλθὼν φέρε τὰ γινόμενα καὶ μηδέποτε εἴπῃς αὐτὸς πρὸς ἑαυτὸν ὅτι „οὐκ ἦν τοσούτου“. ἰδιωτικὸν γὰρ καὶ διαβεβλημένον πρὸς τὰ ἐκτός.

Ἐν ταῖς ὁμιλίαις ἀπέστω τὸ ἑαυτοῦ τινων ἔργων ἢ κινδύνων ἐπὶ πολὺ καὶ ἀμέτρως μεμνῆσθαι. οὐ γάρ, ὡς σοὶ ἡδύ ἐστι τὸ τῶν σῶν κινδύνων μεμνῆσθαι, οὕτω καὶ τοῖς ἄλλοις ἡδύ ἐστι τὸ τῶν σοὶ συμβεβηκότων ἀκούειν. ἀπέστω δὲ καὶ τὸ γέλωτα κινεῖν· ὀλισθηρὸς γὰρ ὁ τρόπος εἰς ἰδιωτισμὸν καὶ ἅμα ἱκανὸς τὴν αἰδῶ τὴν πρὸς σὲ τῶν πλησίον ἀνιέναι.

Ἐπισφαλὲς δὲ καὶ τὸ εἰς αἰσχρολογίαν προελθεῖν. ὅταν οὖν τι συμβῇ τοιοῦτον, ἂν μὲν εὔκαιρον ᾖ, καὶ ἐπίπληξον τῷ προελθόντι· εἰ δὲ μή, τῷ γε ἀποσιωπῆσαι καὶ ἐρυθριᾶσαι καὶ σκυθρωπάσαι δῆλος γίνου δυσχεραίνων τῷ λόγῳ.

34

Ὅταν ἡδονῆς τινος φαντασίαν λάβῃς, καθάπερ ἐπὶ τῶν ἄλλων, φύλασσε σαυτόν, μὴ συναρπασθῇς ὑπ' αὐτῆς· ἀλλ' ἐκδεξάσθω σε τὸ πρᾶγμα, καὶ ἀναβολήν τινα παρὰ σεαυτοῦ λάβε. ἔπειτα μνήσθητι ἀμφοτέρων τῶν χρόνων, καθ' ὅν τε ἀπολαύσεις τῆς ἡδονῆς, καὶ καθ' ὃν ἀπολαύσας ὕστερον μετανοήσεις καὶ αὐτὸς σεαυτῷ λοι-

tion getan hätten, und du wirst genau wissen, wie du die Situation angemessen meistern kannst.

Wenn du einen mächtigen und bedeutenden Mann aufsuchen mußt, dann mach dir klar, du wirst ihn zu Hause nicht antreffen, man läßt dich nicht vor, die Tür wird dir vor der Nase zugeschlagen oder er wird dich überhaupt nicht beachten. Und wenn du trotzdem hingehen mußt, dann geh, nimm hin, was kommt, und sag dir nicht: «Das hat sich nicht gelohnt!» Denn das bewiese eine unphilosophische und verkehrte Einstellung gegenüber den äußeren Dingen[63].

Wenn du mit anderen Menschen zusammen bist, vermeide es, zu ausführlich und zu ausgiebig von deinen eigenen Leistungen und Problemen zu reden. Denn wenn es dir Spaß macht, von deinen Abenteuern zu erzählen, so bedeutet dies nicht, daß auch die anderen gern hören, was du überstanden hast. Verzichte auch darauf, Witze zu reißen. Denn ein derartiges Verhalten wirkt schnell gewöhnlich und führt dazu, daß deine Mitmenschen die Achtung vor dir verlieren.

Gefährlich ist es auch, in ein Gespräch über unanständige Dinge verwickelt zu werden. Wenn derartiges geschieht, dann weise denjenigen, der es so weit hat kommen lassen, zurecht, falls die Situation es zuläßt. Sollte dir das aber unmöglich sein, so zeige wenigstens durch dein Schweigen, dein Erröten und deine finstere Miene, daß dir die Worte mißfallen.

LUSTGEFÜHLE (34)

Wenn du dir eines Lustgefühls bewußt wirst, dann hüte dich wie bei allen anderen Eindrücken, dich von ihm überwältigen zu lassen. Laß vielmehr die Sache nicht gleich an dich heran. Halte dich noch ein Weilchen zurück. Dann denke an die beiden Augenblicke, wo du die Lust genießen wirst und wo du sie genossen hast, dann aber alles bereuen

δορήσῃ· καὶ τούτοις ἀντίθες ὅπως ἀποσχόμενος χαιρήσεις καὶ ἐπαινέσεις αὐτὸς σεαυτόν.

Ἐὰν δέ σοι καιρὸς φανῇ ἅψασθαι τοῦ ἔργου, πρόσεχε, μὴ ἡττήσῃ σε τὸ προσηνὲς αὐτοῦ καὶ ἡδὺ καὶ ἐπαγωγόν· ἀλλ' ἀντιτίθει, πόσῳ ἄμεινον τὸ συνειδέναι σεαυτῷ ταύτην τὴν νίκην νενικηκότι.

35

Ὅταν τι διαγνοὺς, ὅτι ποιητέον ἐστί, ποιῇς, μηδέποτε φύγῃς ὀφθῆναι πράσσων αὐτό, κἂν ἀλλοῖόν τι μέλλωσιν οἱ πολλοὶ περὶ αὐτοῦ ὑπολαμβάνειν. εἰ μὲν γὰρ οὐκ ὀρθῶς ποιεῖς, αὐτὸ τὸ ἔργον φεῦγε· εἰ δὲ ὀρθῶς, τί φοβῇ τοὺς ἐπιπλήξοντας οὐκ ὀρθῶς;

36

Ὡς τὸ „ἡμέρα ἐστί" καὶ „νύξ ἐστι" πρὸς μὲν τὸ διεζευγμένον μεγάλην ἔχει ἀξίαν, πρὸς δὲ τὸ συμπεπλεγμένον ἀπαξίαν, οὕτω καὶ τὸ τὴν μείζω μερίδα ἐκλέξασθαι πρὸς μὲν τὸ σῶμα ἐχέτω ἀξίαν, πρὸς ⟨δὲ⟩ τὸ τὸ κοινωνικὸν ἐν ἑστιάσει, οἷον δεῖ, φυλάξαι, ἀπαξίαν ἔχει. ὅταν οὖν συνεσθίῃς ἑτέρῳ, μέμνησο, μὴ μόνον τὴν πρὸς τὸ σῶμα ἀξίαν τῶν παρακειμένων ὁρᾶν, ἀλλὰ καὶ τὴν πρὸς τὸν ἑστιάτορα αἰδῶ φυλάξαι.

wirst und dir Vorwürfe machst. Und halte dagegen, wie du dich freuen und mit dir selbst zufrieden sein wirst, wenn du dich zurückgehalten hast.

Hältst du es aber für angebracht, dich auf die Sache einzulassen, so achte darauf, daß dich ihre Verlockung, ihr Reiz und ihre Anziehung nicht überwältigen. Denk stattdessen daran, wieviel schöner es ist, sich bewußt zu sein, einen solchen Sieg errungen zu haben.

LASS DICH NICHT BEIRREN (35)

Wenn du erkannt hast, daß du etwas Bestimmtes tun mußt, und es dann auch tust, dann scheue dich nicht, dabei gesehen zu werden, auch wenn die Mehrheit dazu neigt, schlecht darüber zu denken. Denn wenn das, was du vorhast, Unrecht ist, dann laß es sein. Wenn das aber nicht der Fall ist, warum fürchtest du die Leute, die dich zu unrecht tadeln?

ANSTAND WAHREN (36)

Wie die beiden Sätze «Es ist Tag» und «Es ist Nacht» sehr sinnvoll sind, wenn sie nicht miteinander verbunden sind, aber keinen Sinn ergeben, wenn sie miteinander verknüpft sind, so mag es zwar auch für den Körper gut sein, sich beim Essen das größte Stück zu nehmen; im Blick auf die in Gesellschaft notwendige Zurückhaltung und Bescheidenheit ist dieses Benehmen jedoch würdelos. Wenn du also bei jemandem zum Essen eingeladen bist, denk daran, nicht nur den Wert der aufgetragenen Speisen im Auge zu haben, sondern auch gegenüber dem Gastgeber Anstand[64] und Zurückhaltung zu zeigen.

37

Ἐὰν ὑπὲρ δύναμιν ἀναλάβῃς τι πρόσωπον, καὶ ἐν τούτῳ ἠσχημόνησας καί, ὃ ἠδύνασο ἐκπληρῶσαι, παρέλιπες.

38

Ἐν τῷ περιπατεῖν καθάπερ προσέχεις, μὴ ἐπιβῇς ἥλῳ ἢ στρέψῃς τὸν πόδα σου, οὕτω πρόσεχε, μὴ καὶ τὸ ἡγεμονικὸν βλάψῃς τὸ σεαυτοῦ. καὶ τοῦτο ἐὰν ἐφ' ἑκάστου ἔργου παραφυλάσσωμεν, ἀσφαλέστερον ἁψόμεθα τοῦ ἔργου.

39

Μέτρον κτήσεως τὸ σῶμα ἑκάστῳ ὡς ὁ ποὺς ὑποδήματος. ἐὰν μὲν οὖν ἐπὶ τούτου στῇς, φυλάξεις τὸ μέτρον· ἐὰν δὲ ὑπερβῇς, ὡς κατὰ κρημνοῦ λοιπὸν ἀνάγκη φέρεσθαι· καθάπερ καὶ ἐπὶ τοῦ ὑποδήματος, ἐὰν ὑπὲρ τὸν πόδα ὑπερβῇς, γίνεται κατάχρυσον ὑπόδημα, εἶτα πορφυροῦν, κεντητόν. τοῦ γὰρ ἅπαξ ὑπὲρ τὸ μέτρον ὅρος οὐδείς ἐστιν.

ÜBERFORDERT? (37)

Falls du eine Rolle übernimmst, die deine Kräfte übersteigt, so machst du keine gute Figur und hast außerdem das versäumt, wozu du eigentlich fähig gewesen wärst.

VORSICHTIG SEIN (38)

Wie du beim Gehen darauf achtest, daß du nicht in einen Nagel trittst oder dir den Fuß verstauchst, so nimm dich auch davor in acht, daß das leitende Prinzip in dir[65] keinen Schaden nimmt. Und wenn wir diese Regel bei jeder Handlung einhalten, dann werden wir mit größerer Sicherheit an die Sache herangehen.

DAS RICHTIGE MASS (39)

Bei jedem Menschen ist der Körper ein Maß für den Umfang seines materiellen Besitzes[66] wie der Fuß für den Schuh. Wenn du dich von diesem Prinzip leiten läßt, dann wirst du das richtige Maß einhalten[67]. Wenn du es aber überschreitest, dann wirst du eines Tages unweigerlich in den Abgrund stürzen. Es ist wie beim Schuh: Wenn du einmal den Fuß als natürliches Maß überschritten hast, dann bekommst du zuerst einen vergoldeten, dann einen purpurnen und schließlich einen gestickten Schuh. Denn wenn du erst einmal das Maß überschritten hast, dann gibt es keine Grenze mehr.

40

Αἱ γυναῖκες εὐθὺς ἀπὸ τεσσαρεσκαίδεκα ἐτῶν ὑπὸ τῶν ἀνδρῶν κυρίαι καλοῦνται. τοιγαροῦν ὁρῶσαι, ὅτι ἄλλο μὲν οὐδὲν αὐταῖς πρόσεστι, μόνον δὲ συγκοιμῶνται τοῖς ἀνδράσι, ἄρχονται καλλωπίζεσθαι καὶ ἐν τούτῳ πάσας ἔχειν τὰς ἐλπίδας. προσέχειν οὖν ἄξιον, ἵνα αἴσθωνται, διότι ἐπ᾽ οὐδενὶ ἄλλῳ τιμῶνται ἢ τῷ κόσμιαι φαίνεσθαι καὶ αἰδήμονες.

41

Ἀφυΐας σημεῖον τὸ ἐνδιατρίβειν τοῖς περὶ τὸ σῶμα, οἷον ἐπὶ πολὺ γυμνάζεσθαι, ἐπὶ πολὺ ἐσθίειν, ἐπὶ πολὺ πίνειν, ἐπὶ πολὺ ἀποπατεῖν, ὀχεύειν. ἀλλὰ ταῦτα μὲν ἐν παρέργῳ ποιητέον· περὶ δὲ τὴν γνώμην ἡ πᾶσα ἔστω ἐπιστροφή.

42

Ὅταν σέ τις κακῶς ποιῇ ἢ κακῶς λέγῃ, μέμνησο, ὅτι καθήκειν αὐτῷ οἰόμενος ποιεῖ ἢ λέγει. οὐχ οἷόν τε οὖν ἀκολουθεῖν αὐτὸν τῷ σοὶ φαινομένῳ, ἀλλὰ τῷ ἑαυτῷ, ὥστε, εἰ κακῶς αὐτῷ φαίνεται, ἐκεῖνος βλάπτεται, ὅστις καὶ ἐξηπάτηται. καὶ γὰρ τὸ ἀληθὲς συμπεπλεγμένον ἄν τις ὑπολάβῃ ψεῦδος, οὐ τὸ συμπεπλεγμένον βέβλαπται, ἀλλ᾽ ὁ ἐξαπατηθείς. ἀπὸ τούτων οὖν ὁρμώμενος πρᾴως

DIE MÄDCHEN (40)

Die Mädchen werden, wenn sie vierzehn geworden sind, von den Männern «Damen» genannt. Und wenn sie sehen, daß sie keine andere Aufgabe haben, als Bettgenossinnen der Männer zu sein, fangen sie an, sich schön zu machen und darauf all ihre Hoffnung zu setzen. Es ist also angebracht, ihnen bewußt zu machen, daß sie nur dann geehrt werden, wenn sie bescheiden und zurückhaltend sind[68].

KÖRPER UND GEIST (41)

Es ist ein Zeichen mangelhafter Begabung, wenn man sich zu ausgiebig mit körperlichen Dingen beschäftigt, zum Beispiel: wenn man zuviel Sport treibt, zuviel ißt, zuviel trinkt, zu oft zur Toilette rennt, um sich zu entleeren, und zu oft den Beischlaf ausführt. Statt dessen sollte man diese Dinge nur nebenbei tun, und die ganze Fürsorge sollte auf die Entfaltung der Vernunft gerichtet sein.

«ES SCHIEN IHM EBEN RICHTIG SO» (42)

Wenn dir jemand etwas Böses antut oder schlecht über dich redet, denke daran, daß er dies tut oder sagt, weil er glaubt, er müsse es tun. Es ist doch nicht möglich, daß er tut, was du für richtig hältst, sondern was ihm richtig erscheint. Daraus folgt, daß auch er den Schaden hat, wenn er die Dinge falsch sieht. Denn er ist es, der sich irrte. Denn auch wenn jemand eine richtige Verknüpfung von Aussagen[69] für falsch hält, so schadet das der Verknüpfung nicht, sondern nur dem, der sich geirrt hat. Wenn du das bedenkst, wirst du nachsichtig

ἕξεις πρὸς τὸν λοιδοροῦντα. ἐπιφθέγγου γὰρ ἐφ᾽ ἑκάστῳ ὅτι „ἔδοξεν αὐτῷ".

43

Πᾶν πρᾶγμα δύο ἔχει λαβάς, τὴν μὲν φορητήν, τὴν δὲ ἀφόρητον. ὁ ἀδελφὸς ἐὰν ἀδικῇ, ἐντεῦθεν αὐτὸ μὴ λάμβανε, ὅτι ἀδικεῖ (αὕτη γὰρ ἡ λαβή ἐστιν αὐτοῦ οὐ φορητή), ἀλλὰ ἐκεῖθεν μᾶλλον, ὅτι ἀδελφός, ὅτι σύντροφος, καὶ λήψῃ αὐτὸ καθ᾽ ὃ φορητόν.

44

Οὗτοι οἱ λόγοι ἀσύνακτοι „ἐγώ σου πλουσιώτερός εἰμι, ἐγώ σου ἄρα κρείσσων". „ἐγώ σου λογιώτερος, ἐγώ σου ἄρα κρείσσων". ἐκεῖνοι δὲ μᾶλλον συνακτικοί „ἐγώ σου πλουσιώτερός εἰμι, ἡ ἐμὴ ἄρα κτῆσις τῆς σῆς κρείσσων· ἐγώ σου λογιώτερος, ἡ ἐμὴ ἄρα λέξις τῆς σῆς κρείσσων". σὺ δέ γε οὔτε κτῆσις εἶ οὔτε λέξις.

45

Λούεταί τις ταχέως· μὴ εἴπῃς ὅτι κακῶς, ἀλλ᾽ ὅτι ταχέως. πίνει τις πολὺν οἶνον· μὴ εἴπῃς ὅτι κακῶς, ἀλλ᾽ ὅτι πολύν. πρὶν γὰρ διαγνῶναι τὸ δόγμα, πόθεν οἶσθα, εἰ κακῶς;

gegenüber dem, der dich beschimpft. Sag dir nämlich immer: «Es schien ihm eben richtig so.»

JEDES DING HAT ZWEI HENKEL (43)

Jedes Ding hat zwei Henkel. An dem einen kann man es anfassen, an dem anderen nicht. Wenn dir dein Bruder unrecht tut, dann packe ihn nicht bei seinem Unrecht – denn an diesem Henkel läßt er sich nicht anfassen –, sondern lieber an dem anderen Henkel, der besagt, daß er dein Bruder ist und mit dir aufwuchs; dann wirst du ihn dort packen, wo er sich fassen läßt.

UNVEREINBARE AUSSAGEN (44)

Folgende Aussagen sind unvereinbar: «Ich bin reicher als du – also bin ich dir überlegen. Ich kann besser reden als du – also bin ich dir überlegen.» Folgende Aussagen passen besser zusammen: «Ich bin reicher als du – also ist mein Besitz größer als dein Besitz. Ich kann besser reden als du – also bin ich ein besserer Redner als du.» Du selbst bist doch weder dein Besitz noch deine Redekunst.

NICHT ZU VOREILIG URTEILEN (45)

Jemand wäscht sich eilig. Sag nicht: Er wäscht sich schlecht, sondern: Er wäscht sich eilig. Jemand trinkt viel Wein. Sag nicht: Das ist schlecht, sondern: Er trinkt viel. Denn bevor du dir deine Meinung bilden kannst – woher weißt du denn, ob er schlecht handelt? So wird es dir nicht passieren,

οὕτως οὐ συμβήσεταί σοι ἄλλων μὲν φαντασίας καταληπτικὰς λαμβάνειν, ἄλλοις δὲ συγκατατίθεσθαι.

46

Μηδαμοῦ σεαυτὸν εἴπῃς φιλόσοφον μηδὲ λάλει τὸ πολὺ ἐν ἰδιώταις περὶ τῶν θεωρημάτων, ἀλλὰ ποίει τὸ ἀπὸ τῶν θεωρημάτων· οἷον ἐν συμποσίῳ λέγε, πῶς δεῖ ἐσθίειν, ἀλλ᾿ ἔσθιε, ὡς δεῖ. μέμνησο γάρ, ὅτι οὕτως ἀφῃρήκει πανταχόθεν Σωκράτης τὸ ἐπιδεικτικόν, ὥστε ἤρχοντο πρὸς αὐτὸν βουλόμενοι φιλοσόφοις ὑπ᾿ αὐτοῦ συσταθῆναι, κἀκεῖνος ἀπῆγεν αὐτούς. οὕτως ἠνείχετο παρορώμενος. κἂν περὶ θεωρήματός τινος ἐν ἰδιώταις ἐμπίπτῃ λόγος, σιώπα τὸ πολύ· μέγας γὰρ ὁ κίνδυνος εὐθὺς ἐξεμέσαι, ὃ οὐκ ἔπεψας. καὶ ὅταν εἴπῃ σοί τις, ὅτι οὐδὲν οἶσθα, καὶ σὺ μὴ δηχθῇς, τότε ἴσθι, ὅτι ἄρχῃ τοῦ ἔργου. ἐπεὶ καὶ τὰ πρόβατα οὐ χόρτον φέροντα τοῖς ποιμέσιν ἐπιδεικνύει, πόσον ἔφαγεν, ἀλλὰ τὴν νομὴν ἔσω πέψαντα ἔρια ἔξω φέρει καὶ γάλα· καὶ σὺ τοίνυν μὴ τὰ θεωρήματα τοῖς ἰδιώταις ἐπιδείκνυε, ἀλλ᾿ ἀπ᾿ αὐτῶν πεφθέντων τὰ ἔργα.

47

Ὅταν εὐτελῶς ἡρμοσμένος ᾖς κατὰ τὸ σῶμα, μὴ καλλωπίζου ἐπὶ τούτῳ μηδ᾿, ἂν ὕδωρ πίνῃς, ἐκ πάσης

daß du von einigen Dingen eine richtige Vorstellung gewinnst, anderen aber unüberlegt deine Zustimmung[70] gibst.

NICHT REDEN, HANDELN (46)

Nenn dich niemals einen Philosophen und sprich mit den Leuten auch möglichst nicht über philosophische Überzeugungen, sondern handle danach. Ebenso sag während eines Gastmahls nicht, wie man essen muß, sondern iß, wie es sich gehört. Denn erinnere dich, daß Sokrates so vollständig auf äußere Selbstdarstellung verzichtete, daß die Leute zu ihm kamen und ihn baten, sie mit Philosophen bekannt zu machen, und er sie weiterempfahl. So leicht fiel es ihm, übersehen zu werden. Und wenn unter gewöhnlichen Leuten die Sprache auf irgendein philosophisches Thema kommt, schweige, so gut es geht. Denn die Gefahr ist groß, daß du gleich wieder etwas hervorbringst, was du noch nicht verdaut hast. Und wenn jemand zu dir sagt, daß du nichts weißt, und du dich dadurch nicht verletzt fühlst, dann wisse, daß du einen Anfang gemacht hast. Denn auch die Schafe bringen ihr Futter nicht zu ihrem Hirten, um ihnen zu zeigen, wieviel sie gefressen haben; sie verdauen vielmehr ihre Nahrung und liefern dann Wolle und Milch. So bring auch du keine philosophischen Überzeugungen unter die Leute, sondern zeig Taten, nachdem du die Lehren der Philosophen verarbeitet hast.

NICHT PRAHLEN (47)

Wenn du deinen Körper an ein einfaches Leben gewöhnt hast, dann prahle nicht damit. Und wenn du nur Wasser

ἀφορμῆς λέγε, ὅτι ὕδωρ πίνεις. κἂν ἀσκῆσαί ποτε πρὸς πόνον θέλῃς, σεαυτῷ καὶ μὴ τοῖς ἔξω· μὴ τοὺς ἀνδριάντας περιλάμβανε· ἀλλὰ διψῶν ποτε σφοδρῶς ἐπίσπασαι ψυχροῦ ὕδατος καὶ ἔκπτυσον καὶ μηδενὶ εἴπῃς.

48

Ἰδιώτου στάσις καὶ χαρακτήρ· οὐδέποτε ἐξ ἑαυτοῦ προσδοκᾷ ὠφέλειαν ἢ βλάβην, ἀλλ' ἀπὸ τῶν ἔξω. φιλοσόφου στάσις καὶ χαρακτήρ· πᾶσαν ὠφέλειαν καὶ βλάβην ἐξ ἑαυτοῦ προσδοκᾷ.

Σημεῖα προκόπτοντος· οὐδένα ψέγει, οὐδένα ἐπαινεῖ, οὐδένα μέμφεται, οὐδενὶ ἐγκαλεῖ, οὐδὲν περὶ ἑαυτοῦ λέγει ὡς ὄντος τινὸς ἢ εἰδότος τι. ὅταν ἐμποδισθῇ τι ἢ κωλυθῇ, ἑαυτῷ ἐγκαλεῖ. κἂν τις αὐτὸν ἐπαινῇ, καταγελᾷ τοῦ ἐπαινοῦντος αὐτὸς παρ' ἑαυτῷ· κἂν ψέγῃ, οὐκ ἀπολογεῖται. περίεισι δὲ καθάπερ οἱ ἄρρωστοι, εὐλαβούμενός τι κινῆσαι τῶν καθισταμένων, πρὶν πῆξιν λαβεῖν.

Ὄρεξιν ἅπασαν ἦρκεν ἐξ ἑαυτοῦ· τὴν δ' ἔκκλισιν εἰς μόνα τὰ παρὰ φύσιν τῶν ἐφ' ἡμῖν μετατέθεικεν. ὁρμῇ πρὸς ἅπαντα ἀνειμένῃ χρῆται. ἂν ἠλίθιος ἢ ἀμαθὴς δοκῇ, οὐ πεφρόντικεν. ἑνί τε λόγῳ, ὡς ἐχθρὸν ἑαυτὸν παραφυλάσσει καὶ ἐπίβουλον.

trinkst, dann sage nicht bei jeder Gelegenheit, daß du nur Wasser trinkst. Wenn du dich im Ertragen von Strapazen üben willst, dann tue das für dich und nicht vor anderen. Umarme nicht die kalten Standbilder[71] in aller Öffentlichkeit, sondern wenn du einmal furchtbaren Durst hast, nimm einen Schluck kaltes Wasser, spuck es wieder aus und erzähle das niemandem.

WER AUF DEM RICHTIGEN WEG IST (48)

Zustand und Charakter eines Durchschnittsmenschen: Niemals erwartet er Nutzen oder Schaden von sich selbst, sondern nur von den äußeren Umständen, Zustand und Charakter eines Philosophen: Er erwartet allen Nutzen und allen Schaden von sich selbst[72].

Kennzeichen eines Menschen, der auf dem richtigen Weg ist[73]: Er rügt niemanden, lobt niemanden, tadelt niemanden, macht niemandem Vorwürfe, spricht nicht von sich selbst, als ob er etwas sei oder etwas wüßte. Wenn er durch irgend etwas behindert oder gestört wird, macht er sich selbst Vorwürfe. Und wenn ihn jemand lobt, lacht er im Stillen über den, der ihn lobt. Und wenn ihn jemand tadelt, verteidigt er sich nicht. Er bewegt sich wie die Kranken und paßt auf, daß er nicht etwas bewegt, was noch nicht richtig in Ordnung ist.

Jedes Verlangen hat er verdrängt. Seine Ablehnung gilt allein den widernatürlichen Dingen, die in unserer Macht stehen. Allem gegenüber übt er größte Zurückhaltung. Es macht ihm nichts aus, wenn er als einfältig oder töricht gilt. Mit einem Wort: Wie einen Feind, der ihm ständig auflauert, beobachtet er sich selbst voll Argwohn.

49

Ὅταν τις ἐπὶ τῷ νοεῖν καὶ ἐξηγεῖσθαι δύνασθαι τὰ Χρυσίππου βιβλία σεμνύνηται, λέγε αὐτὸς πρὸς ἑαυτὸν ὅτι „εἰ μὴ Χρύσιππος ἀσαφῶς ἐγεγράφει, οὐδὲν ἂν εἶχεν οὗτος, ἐφ' ᾧ ἐσεμνύνετο." ἐγὼ δὲ τί βούλομαι; καταμαθεῖν τὴν φύσιν καὶ ταύτῃ ἕπεσθαι. ζητῶ οὖν, τίς ἐστιν ὁ ἐξηγούμενος· καὶ ἀκούσας, ὅτι Χρύσιππος, ἔρχομαι πρὸς αὐτόν. ἀλλ' οὐ νοῶ τὰ γεγραμμένα· ζητῶ οὖν τὸν ἐξηγούμενον. καὶ μέχρι τούτων οὔπω σεμνὸν οὐδέν. ὅταν δὲ εὕρω τὸν ἐξηγούμενον, ἀπολείπεται χρῆσθαι τοῖς παρηγγελμένοις· τοῦτο αὐτὸ μόνον σεμνόν ἐστιν. ἂν δὲ αὐτὸ τοῦτο τὸ ἐξηγεῖσθαι θαυμάσω, τί ἄλλο ἢ γραμματικὸς ἀπετελέσθην ἀντὶ φιλοσόφου; πλήν γε δὴ ὅτι ἀντὶ Ὁμήρου Χρύσιππον ἐξηγούμενος. μᾶλλον οὖν, ὅταν τις εἴπῃ μοι „ἐπανάγνωθί μοι Χρύσιππον", ἐρυθριῶ, ὅταν μὴ δύνωμαι ὅμοια τὰ ἔργα καὶ σύμφωνα ἐπιδεικνύειν τοῖς λόγοις.

50

Ὅσα προτίθεται, τούτοις ὡς νόμοις, ὡς ἀσεβήσων, ἂν παραβῇς, ἔμμενε. ὅ τι δ' ἂν ἐρῇ τις περὶ σοῦ, μὴ ἐπιστρέφου· τοῦτο γὰρ οὐκ ἔτ' ἔστι σόν.

51

Εἰς ποῖον ἔτι χρόνον ἀναβάλλῃ τὸ τῶν βελτίστων ἀξιοῦν σεαυτὸν καὶ ἐν μηδενὶ παραβαίνειν τὸν διαιροῦντα λόγον;

THEORIE UND PRAXIS (49)

Wenn jemand stolz darauf ist, daß er die Schriften des Chrysipp[74] versteht und erklären kann, dann sprich zu dir selbst: «Wenn Chrysipp nicht schwer verständlich geschrieben hätte, dann hätte er nichts, worauf er stolz sein könnte.» Was aber will ich? Ich will die Vernunftnatur[75] erkennen und ihr folgen. Ich frage daher, wer sie mir erklärt; und da ich gehört habe, daß Chrysipp es tut, wende ich mich an ihn. Aber ich verstehe seine Schriften nicht. Also suche ich jemanden, der sie mir erklärt. Bis jetzt besteht noch kein Grund, stolz zu sein. Wenn ich aber einen gefunden habe, der sie mir erklärt, dann bleibt nur noch die Aufgabe, die Lehren auch anzuwenden. Nur darauf kann man stolz sein. Wenn ich aber nur die Auslegung bewunderte, dann wäre ich höchstens ein Philologe, aber kein Philosoph. Der Unterschied wäre nur, daß ich statt Homer Chrysipp interpretierte. Daher erröte ich noch mehr, sobald jemand zu mir sagt: «Lies mir aus Chrysipp vor», wenn ich nicht in der Lage bin, die Taten aufzuweisen, die den Worten entsprechen[76].

VORSÄTZEN TREU BLEIBEN (50)

Bleibe deinen Vorsätzen wie gewöhnlichen Gesetzen treu – in der Überzeugung, daß du eine gottlose Tat begehst, wenn du sie mißachtest. Was man auch über dich sagt – kümmere dich nicht darum; denn das ist nicht mehr deine Sache.

WIE LANGE WARTEST DU NOCH? (51)

Wie lange willst du noch damit warten, dich zu dem höchsten moralischen Ziel zu bekennen und auf keinen Fall ge-

παρείληφας τὰ θεωρήματα, οἷς ἔδει σε συμβάλλειν, καὶ συμβέβληκας. ποῖον ἔτι διδάσκαλον προσδοκᾷς, ἵνα εἰς ἐκεῖνον ὑπερθῇ τὴν ἐπανόρθωσιν ποιῆσαι τὴν σεαυτοῦ; οὐκ ἔτι εἶ μειράκιον, ἀλλὰ ἀνὴρ ἤδη τέλειος. ἂν νῦν ἀμελήσῃς καὶ ῥᾳθυμήσῃς καὶ ἀεὶ προθέσεις ἐκ προθέσεως ποιῇ καὶ ἡμέρας ἄλλας ἐπ' ἄλλαις ὁρίζῃς, μεθ' ἃς προσέξεις σεαυτῷ, λήσεις σεαυτὸν οὐ προκόψας, ἀλλ' ἰδιώτης διατελέσεις καὶ ζῶν καὶ ἀποθνήσκων. ἤδη οὖν ἀξίωσον σεαυτὸν βιοῦν ὡς τέλειον καὶ προκόπτοντα· καὶ πᾶν τὸ βέλτιστον φαινόμενον ἔστω σοι νόμος ἀπαράβατος. κἂν ἐπίπονόν τι ἢ ἡδὺ ἢ ἔνδοξον ἢ ἄδοξον προσάγηται, μέμνησο, ὅτι νῦν ὁ ἀγὼν καὶ ἤδη πάρεστι τὰ Ὀλύμπια καὶ οὐκ ἔστιν ἀναβάλλεσθαι οὐκέτι καὶ ὅτι παρὰ μίαν ἡμέραν καὶ ἓν πρᾶγμα καὶ ἀπόλλυται προκοπὴ καὶ σῴζεται.

Σωκράτης οὕτως ἀπετελέσθη, ἐπὶ πάντων τῶν προσαγομένων αὐτῷ μηδενὶ ἄλλῳ προσέχων ἢ τῷ λόγῳ. σὺ δὲ εἰ καὶ μήπω εἶ Σωκράτης, ὡς Σωκράτης γε εἶναι βουλόμενος ὀφείλεις βιοῦν.

52

Ὁ πρῶτος καὶ ἀναγκαιότατος τόπος ἐστὶν ἐν φιλοσοφίᾳ ὁ τῆς χρήσεως τῶν θεωρημάτων, οἷον τὸ μὴ ψεύδεσθαι· ὁ δεύτερος ὁ τῶν ἀποδείξεων, οἷον πόθεν ὅτι οὐ δεῖ

gen die Vernunft zu handeln, die die richtige Unterscheidung[77] ermöglicht? Du hast die philosophischen Lehren[78] empfangen, die du anerkennen mußt, und du hast sie anerkannt. Auf welchen Lehrer wartest du jetzt noch, um ihm die Aufgabe anzuvertrauen, deine moralische Besserung herbeizuführen? Du bist kein Kind mehr, sondern ein erwachsener Mann. Wenn du jetzt nachlässig und leichtsinnig bist, immer nur einen Vorsatz nach dem anderen faßt und es von einem Tag auf den anderen schiebst, an dir arbeiten zu wollen, dann wirst du, ohne es zu merken, keine Fortschritte machen, sondern als Durchschnittsmensch weiter dahinleben, bis du stirbst. Entschließe dich endlich, wie ein erwachsener Mann zu leben, der auf seinem Weg vorankommt; und alles, was dir als das Beste erscheint, sei dir ein unverbrüchliches Gesetz. Auch wenn dir etwas Beschwerliches oder Angenehmes, Ruhmvolles oder Ruhmloses begegnet, denke daran, daß es jetzt zu kämpfen gilt und daß die Olympischen Spiele angefangen haben und es nicht mehr möglich ist, etwas aufzuschieben, und daß es von einem einzigen Tag und einer einzigen Tat abhängt, ob der Fortschritt bestehen bleibt oder zusammenbricht.

Auf diese Weise wurde Sokrates so, wie er war, indem er bei allem, womit er zu tun hatte, auf nichts anderes achtete als auf die Vernunft. Du aber, auch wenn du noch kein Sokrates bist, solltest so leben, als ob du einer sein wolltest.

AUF DIE PRAXIS KOMMT ES AN (52)

Der erste und notwendigste Bereich der Philosophie umfaßt die Anwendung ihrer Lehren, wie zum Beispiel nicht zu lügen. Der zweite handelt von den Beweisen: Hier geht es zum Beispiel um die Frage, aus welchem Grund man nicht

ψεύδεσθαι· τρίτος ὁ αὐτῶν τούτων βεβαιωτικὸς καὶ διαρθρωτικός, οἷον πόθεν ὅτι τοῦτο ἀπόδειξις; τί γάρ ἐστιν ἀπόδειξις, τί ἀκολουθία, τί μάχη, τί ἀληθές, τί ψεῦδος; οὐκοῦν ὁ μὲν τρίτος τόπος ἀναγκαῖος διὰ τὸν δεύτερον, ὁ δὲ δεύτερος διὰ τὸν πρῶτον· ὁ δὲ ἀναγκαιότατος καὶ ὅπου ἀναπαύεσθαι δεῖ, ὁ πρῶτος. ἡμεῖς δὲ ἔμπαλιν ποιοῦμεν· ἐν γὰρ τῷ τρίτῳ τόπῳ διατρίβομεν καὶ περὶ ἐκεῖνόν ἐστιν ἡμῖν ἡ πᾶσα σπουδή· τοῦ δὲ πρώτου παντελῶς ἀμελοῦμεν. τοιγαροῦν ψευδόμεθα μέν, πῶς δὲ ἀποδείκνυται ὅτι οὐ δεῖ ψεύδεσθαι, πρόχειρον ἔχομεν.

53

Ἐπὶ παντὸς πρόχειρα ἑκτέον ταῦτα·

„ἄγου δέ μ', ὦ Ζεῦ, καὶ σύ γ' ἡ Πεπρωμένη,
ὅποι ποθ' ὑμῖν εἰμι διατεταγμένος·
ὡς ἕψομαί γ' ἄοκνος· ἢν δέ γε μὴ θέλω,
κακὸς γενόμενος, οὐδὲν ἧττον ἕψομαι."

„ὅστις δ' ἀνάγκῃ συγκεχώρηκεν καλῶς,
σοφὸς παρ' ἡμῖν, καὶ τὰ θεῖ' ἐπίσταται."

„ἀλλ', ὦ Κρίτων, εἰ ταύτῃ τοῖς θεοῖς φίλον, ταύτῃ γενέσθω."

„ἐμὲ δὲ Ἄνυτος καὶ Μέλητος ἀποκτεῖναι μὲν δύνανται, βλάψαι δὲ οὔ."

lügen darf. Der dritte bezieht sich auf die Begründung und Gliederung dieser Beweise; dabei wird zum Beispiel gefragt: Wie kommt es, daß dies ein Beweis ist? Wodurch ist es denn ein Beweis? Was ist eine logische Folgerung? Was ist ein Widerspruch? Was ist wahr? Was ist falsch? Der dritte Bereich ist notwendig wegen des zweiten und der zweite wegen des ersten. Der wichtigste, mit dem man sich vor allem befassen soll, ist der erste[79]. Wir machen es aber genau umgekehrt. Denn wir verbringen unsere Zeit mit dem dritten Bereich, und ihm gilt unser ganzer Eifer. Den ersten aber vernachlässigen wir völlig. Deshalb lügen wir. Wie man aber beweist, daß man nicht lügen darf, ist uns vertraut.

SICH DEM SCHICKSAL FÜGEN (53)

Bei jeder Gelegenheit müssen wir uns folgendes vergegenwärtigen:

> «Ach, Zeus, und du, mein Schicksal, führt mich
> an den Platz, der mir einst von euch bestimmt wurde.
> Ich werde folgen ohne Zögern. Wenn ich aber nicht wollte,
> wäre ich ein feiger Schwächling und müßte euch trotzdem folgen.»

> «Wer sich dem unausweichlichen Schicksal auf rechte Weise fügt,
> gilt bei uns als weise und kennt das Göttliche.»

«Nun mein Kriton, wenn es den Göttern recht ist, soll es so geschehen.»

«Anytos und Meletos können mich zwar töten, aber schaden können sie mir nicht.»

ANHANG

ZU TEXT UND ÜBERSETZUNG

Die Einrichtung des griechischen Textes wie die Übertragung folgen dem Text von H. Schenkl (Leipzig 1916). In einigen Fällen gibt die Übersetzung den Text von W. A. Oldfather (Cambridge, Mass., 1925–28) wieder. Den Ausgaben von W. A. Oldfather (griechisch-englisch) und von J. Souilhé (Paris 1943–65, griechisch-französisch) verdankt der Übersetzer wertvolle Anregungen. Dasselbe gilt für die Übertragung von W. Capelle (Zürich 1948).

Die Übersetzung soll dem Leser einen zeitgemäßen, leicht verständlichen Text bieten. Der Übersetzer hat sich bemüht, Inhalt und Gedankengang des Originals so wiederzugeben, daß der Leser den großen historischen Abstand zwischen dem griechischen Text und der Übersetzung möglichst wenig spürt. Zu diesem Zweck sind mitunter kleine Lesehilfen in den Text eingebaut: So wird z.B. die Bedeutung eines wichtigen Fachausdrucks gelegentlich mit zwei deutschen Begriffen wiedergegeben. Manchmal wird ein mehrfach vorkommendes griechisches Wort mit verschiedenen deutschen Äquivalenten übersetzt. Auf diese Weise soll der Perspektivenreichtum des originalsprachlichen Ausdrucks besser erfaßt werden. – Die deutschen Überschriften sind freie Zusätze des Übersetzers.

Die vorliegende Ausgabe stützt sich im wesentlichen auf die vom Übersetzer 1994 herausgegebene Ausgabe: Epiktet · Teles · Musonius, Ausgewählte Schriften, griech.-deutsch, Zürich. Der griechische Text wurde für die vorliegende Ausgabe neu gesetzt und eingerichtet. Die anderen Teile wurden überarbeitet.

EINFÜHRUNG

Glück hat Konjunktur. Seit den siebziger Jahren hat das Thema in Literatur, Philosophie und einigen Fachwissenschaften ein erstaunlich großes Interesse auf sich gezogen: «In Symposien wie in Sachbüchern und Ratgebern ... sind alte Stichworte der Reflexionstradition – von Epikur und Seneca bis zu Kant und Hegel, Nietzsche, Marcuse und Russell – wieder aufgetaucht: Das Für und Wider über das ‹große›, das ‹private› und das ‹allgemeine›, das ‹subjektive› und ‹objektive› Glück; das Glück des Habens und des Seins, Glück als ‹luck› und ‹happiness›, als Ereignis, Zustand und Moment; das Glück als Tugend und mystisches Schauen, als Kindes-, Liebes-, Forscher- und Durchschnittsglück; das Glück im Streben, im sinnlichen Genuß, in Wunscherfüllung und Wunschverzicht, in Bedürfnisbefriedigung und Selbstverwirklichung; das Glück in Rausch, Wahn, Spiel und Erinnerung; das Lebensglück und das Glück des Lebens; die Paradoxien des Glücks, das sich uns entzieht, je direkter wir es intendieren, das uns ungesucht ‹auf dem Rücken der Akte› zuteil werden kann oder dessen wir nicht mehr zu bedürfen glauben, wenn wir sogar im Unglück einen Sinn erfahren haben[1].»

---

1 Kreuzer, H.: Vom Glück und Unglück «auf den Flügeln der Wörter», in: Zeitschrift für Literaturwissenschaft und Linguistik 50, 1983, 7–15, zit. 8. Das Jubiläumsheft dieser Zeitschrift ist ganz dem Thema «Glück» gewidmet. Vgl. auch Forschner, M.: Über das Glück des Menschen. Aristoteles, Epikur, Stoa, Thomas von Aquin, Kant, Darmstadt 1993.

Im Gegensatz zu der verbalen Inflation des Glücks – eine einschlägige Bibliographie dürfte auf den ersten Blick zeigen, daß Texte über das Glück einen beträchtlichen Anteil auf dem Buchmarkt der Gegenwart haben – spricht Epiket (um 50–120 n. Chr.) nur sehr verhalten vom Glück. Zumindest führt er das Wort nicht dauernd im Mund, und eigentlich geht es ihm auch gar nicht um das Glück als Inhalt, sondern eben nur um «Wege zum Glück». Der ehemalige Sklave des Epaphroditos[1] aus dem phrygischen Hierapolis regt zum Nachdenken über Bedingungen und Voraussetzungen eines menschenwürdigen Daseins an. Er fordert seine Hörer oder Leser dazu auf, sich auf seine Argumente einzulassen, wenn sie ihrem Leben einen Sinn geben wollen.

Was es bedeutete, im ersten oder zweiten nachchristlichen Jahrhundert als Sklave, das heißt nicht einmal als Mensch, sondern als eine der Verfügungsgewalt ihres Eigentümers völlig ausgelieferte Sache, in Rom zu leben, können wir uns heute nicht mehr vorstellen. Das Wort «Freiheit» – Epiktet gebraucht es rund 130mal, der Kaiser Marc Aurel dagegen nur zweimal – hatte für den römischen Sklaven zweifellos eine ganz andere und sehr viel konkretere Bedeutung als für den modernen Mitteleuropäer.

Vor dem Hintergrund seiner Existenz als rechtloses Werkzeug – wenngleich sein Herr nicht nur reich, sondern auch gebildet und großzügig war und ihm erlaubte, die Vorlesungen des stoischen Philosophen Musonius Rufus zu

1 Epaphroditos war ein Freigelassener des Kaisers Nero (Epiktet, Diss. 1, 1, 20). – Er trug im Jahre 65 n. Chr. zur Aufdeckung der Pisonischen Verschwörung bei, an der auch Seneca und Petron beteiligt gewesen sein sollen. Als einer der letzten treuen Diener Neros half er diesem bei seinem Selbstmord. Von Epiktet (Diss. 1, 26, 11) wissen wir, daß Epaphroditos sehr reich war. Daß Epiktet ein Sklave des Epaphroditos war, wird durch Diss. 1, 19, 21 bezeugt.

besuchen - haben Epiktets Reflexionen über die Freiheit und über den Unterschied zwischen den Dingen, die sich in unserer Gewalt befinden, und denen, die unserem Einfluß entzogen sind, ein besonderes Gewicht. Denn hier spricht einer, der weiß, wovon er redet. Epiktet hatte sein Verständnis von Freiheit gewiß lange vor dem Rechtsakt der eigentlichen Freilassung durch Epaphroditos entwickelt. Er hatte sich auf diese Weise bereits selbst aus seiner Sklavenrolle «emanzipiert», indem er die Freiheit eben nicht auf die rechtliche Stellung eines römischen Bürgers reduzierte. Für den Sklaven war die Freiheit nicht mehr und nicht weniger als die innere Unabhängigkeit vom äußeren Zwang, die Souveränität der Moral über die Niedertracht, das Bewußtsein der Menschenwürde in der Erniedrigung.

Epiktet hat gewiß schon als Sklave gelernt, was zu seinem unverzichtbaren und unverlierbaren Besitz gehörte und worüber er trotz äußerer Bedrängnis frei verfügen konnte. Die Sicherung des Verfügbaren wird folgerichtig zum Leitthema seiner Lehrgespräche und Lehrvorträge, die sein Schüler Flavius Arrianus aufzeichnete und in griechischer Sprache für uns aufbewahrte[1]. Arrian war Schüler Epiktets geworden, nachdem dieser aufgrund der Verfügung des Kaisers Domitian aus dem Jahre 89 nach Nikopolis[2] ziehen mußte und dort eine Schule eröffnete, die er bis zu seinem Tode (wohl nach 120 n. Chr.) leitete. Domitian

1 Arrian war Geschichtsschreiber und Staatsbeamter in römischen Diensten. 130 n. Chr. war er Consul suffectus. Seine Nachschriften der Lehrgespräche und Lehrvorträge Epiktets sind schon in der Antike die einzigen Zeugnisse der Tätigkeit des Philosophen (vgl. Gellius 1, 2 und 17, 19). Arrians berühmtestes Werk ist die Geschichte Alexanders des Großen. Stilistisch ahmt er Xenophon nach.

2 Nikopolis wurde bei Actium, dem Ort der Schlacht gegen Antonius (2. September 31 v. Chr.), von Octavian gegründet.

hatte mit dieser Verfügung alle Philosophen aus Rom ausgewiesen; demnach war Epiktet in Rom bereits vor 89 als philosophischer Lehrer tätig.

Im übrigen wissen wir nicht viel über Epiktets Leben. Er war mit Kaiser Hadrian persönlich bekannt, der zwischen 117 und 139 regierte, während er mit Marc Aurel, seinem großen Bewunderer und Verehrer, nie zusammentraf. Außerdem erwähnt Epiktet (Diss. 1, 7, 32) den Brand des Kapitols im Jahre 69, als er noch Schüler des Musonius Rufus war. Aus diesen Angaben läßt sich mit einiger Sicherheit entnehmen, daß er um 50 n. Chr. geboren wurde und somit ein Zeitgenosse von Plutarch und Tacitus war[1].

Neben den vier (von ursprünglich acht) erhaltenen Büchern «Dissertationes» oder Διατριβαί des Arrian – Epiktet hat ebenso wie sein großes Vorbild Sokrates selbst keine Schriften veröffentlicht – ist ein ἐγχειρίδιον, ein «Handbuch» (Manual) oder Kompendium, überliefert, das eine knappe Zusammenfassung der Hauptgedanken der «Dissertationes» für eilige Leser enthält. Das Wort ἐγχειρίδιον kann übrigens auch «Dolch» oder «Waffe in der Hand» bedeuten; man denkt dabei unwillkürlich an die Metapher vom Wort als Waffe; die «harmlosere» Übersetzung «Handbuch», wobei man das griechische Wort als Adjektiv versteht, zu dem man das Substantiv βιβλίον (Buch) ergänzt, sollte jene Erklärung nicht ganz in den Hintergrund treten lassen, zumal sie dem wenn auch nicht aggressiven, so doch drängenden und scharf argumentierenden Charakter des «Handbuches» entspricht. Es darf als sicher gelten,

1 Vgl. Epictetus. The Discourses as reported by Arrian, the Manual and Fragments, with an English Translation by W. A. Oldfather, Vol. 1–2, London / Cambridge (Mass.) 1961 (Nachdruck der Ausgabe von 1925), Introd., p. XI–XII.

daß Arrians «Dissertationes» auf einer stenographischen Mitschrift der Worte seines Lehrers beruhen (a stenographic record of the ipsissima verba of the master, Oldfather, a.a.O. XIII). Denn seine eigenen literarischen Werke sind in attischem Griechisch verfaßt, während die Sprache der «Dissertationes» das Griechisch der Koine widerspiegelt, das heißt der Sprache des Neuen Testaments enger verwandt ist als der Sprache Xenophons. Hinzu kommen weitere Merkmale, die dafür sprechen, daß Arrians Text eine in Inhalt und Form weitgehend authentische Wiedergabe der Gedanken seines Lehrers darstellt, die dieser vor und mit seinen meist erwachsenen und gesellschaftlich bereits avancierten Schülern entwickelt hatte.

Epiktet, der sich selbst nie als Philosophen bezeichnet, steht mit seiner Lehre auf dem Boden der stoischen Philosophie, und zwar der Ethik der älteren Stoa. Im Gegensatz zu den älteren Stoikern befaßt er sich aber nicht mit den traditionellen Themenbereichen Logik und Physik. Wie Sokrates konzentriert er sich ganz auf den Menschen und seine Möglichkeiten, das Glück, die Eudämonie, zu gewinnen, die in einem Höchstmaß an innerer Unabhängigkeit und Freiheit gegenüber der Welt und gegenüber den Dingen dieser Welt besteht, auf die wir keinen Einfluß haben. «Philosophie – und sie ist für Epiktet im wesentlichen Moral – besteht in der Selbsterziehung zur Freiheit, in der Selbstbefreiung durch die Einsicht in die richtige Unterscheidung zwischen dem, worüber der einzelne ungehindert verfügen kann und worüber nicht[1].» Jeder Mensch ist selbst verantwortlich für seine guten und seine schlechten Taten, für sein Glück und sein Unglück. Alles, was wir tun, ist abhängig von unserer

1 Niehues-Pröbsting, H.: Der Kynismus des Diogenes und der Begriff des Zynismus, München 1979, 187.

moralischen Vorentscheidung. Die Vernunft (Logos) ist das leitende Prinzip des Menschen, das den richtigen Gebrauch der Eindrücke und Vorstellungen (φαντασίαι) von den Dingen, die uns umgeben oder auf uns zukommen, gewährleistet und unsere Urteile (δόγματα) ermöglicht. Jeder Wunsch und jede Ablehnung ist mit einem derartigen Urteil über die moralische Qualität des jeweiligen Gegenstandes oder Vorgangs verbunden. Aber um Sicherheit im Gebrauch der Vorstellungen und im Gewinnen des richtigen Urteils zu erlangen, bedarf es ständiger Übung (ἄσκησις).

Der Mensch hat aber auch Pflichten (τὰ καθήκοντα) aufgrund seiner Einbindung in soziale Beziehungen; denn er hat Eltern, Kinder, Geschwister, Freunde und Mitbürger. Ihnen gegenüber ist er zur Solidarität verpflichtet. Ihren Fehlern muß er mit Liebe und Geduld begegnen. Der Umgang mit den Mitmenschen ist nicht zuletzt eine Übung in moralischem Handeln und Verhalten.

Epiktets eigener Unterricht, sein Erinnern und Mahnen, seine Gespräche und Diskussionen sind Ausdrucksformen seiner Menschenliebe. Ein Aussteigen, eine Abkehr von der Welt ist für ihn undenkbar. Denn diese ist ein von göttlichem Geist erfüllter und geordneter Kosmos. Alles unterliegt einem planvollen göttlichen Willen. Daher ist die Welt als ganze gut. Der Mensch, dem es gelingt, seinen Willen dem Willen Gottes anzugleichen, und der erkennt, daß alles, was geschieht, im Sinne des göttlichen Planes geschieht, befindet sich in voller Übereinstimmung mit allem, was geschieht. Er findet sein Glück in der Erfüllung seiner ihm von Gott zugewiesenen Aufgabe; denn er wird dadurch zum Mitarbeiter Gottes, und nichts kann ihn davon abhalten, diesen Dienst zu erfüllen. So sagt Epiktet: «Wage es, zu Gott aufzuschauen und zu sprechen: Gebrauche mich fortan, wozu du willst. Ich stimme dir zu; dein bin ich. Nichts von allem, was

dir gut scheint, lehne ich ab. Führe mich, wohin du willst. Gib mir die Rolle, die du willst. Willst du, daß ich ein Amt bekleide oder Privatmann bin, im Land bleibe oder fliehe, arm oder reich bin? Ich werde wegen all dieser Umstände den Menschen gegenüber zu deinem Lobe sprechen.»

An anderer Stelle sagt er: «Wenn mich der Tod ereilt, dann bin ich zufrieden, wenn ich zu Gott meine Hände erheben und sprechen kann: Die Gaben, die ich von dir empfangen habe, um dein Walten zu erkennen und ihm zu folgen, habe ich nicht verkümmern lassen. Ich habe dir keine Schande gemacht, soviel an mir lag. Habe ich mich je bei dir beschwert? War ich je unzufrieden mit dem, was geschah, oder wollte ich es anders, als es geschah? Daß du mich hast werden lassen, dafür danke ich dir. Dank gegen dich erfüllt mich für alles, was du mir gegeben. Soweit ich deine Gaben gebrauchen darf, genügt es mir. Nimm sie zurück und verwende sie, wo du willst; denn dein ist alles, du hast es mir gegeben[1].»

Epiktets Ausführungen sind als sogenannte Diatriben (διατριβαί) überliefert. Der Begriff[2] bedeutet eigentlich «Verweilen», «Umgang mit jemandem», «Beschäftigung mit etwas» oder auch «Gespräch», «Diskussion», «Vortrag», «Unterricht», «Unterweisung». Von Diogenes Laertius (2, 77) erfahren wir, daß schon der Philosoph und Wanderprediger Bion im 3. Jahrhundert v. Chr. Vorträge über popu-

1 «Allein, daß Epiktet keine konkrete Instanz oder Institution wie etwa die Kirche einsetzt als Statthalter und Vollstrecker des göttlichen Willens, verhindert die praktische Entmündigung des Individuums» (Niehues-Pröbsting, s. Anm. 6, 190).

2 Eine knappe Information bietet «Der Kleine Pauly», Bd. 2, Nachträge, s. v. Diatribai. Ausführlicher informieren W. Capelle u. H. I. Marrou, s. v. Diatribe, in: Reallexikon für Antike und Christentum, Bd. 3, Stuttgart 1957.

lärphilosophische Fragen hielt, die als Diatriben niedergeschrieben und verbreitet wurden. Wer ein philosophisches Thema vor einem größeren Hörerkreis erörtern wollte, bediente sich in hellenistischer Zeit offensichtlich der Form der Diatribe. Typisch für ihren Stil ist ihr dialogischer Aufbau: Der Autor stellt Fragen zu seinen eigenen Ausführungen, auf die er dann selbst antwortet, oder erhebt Einwände, auf die er im weiteren Verlauf seiner Darstellung eingeht. Auch die Verwendung von Beispielen und Bildern aus dem Alltagsleben bestimmt den Stil der Diatribe. In sprachlicher Hinsicht sind einfache Ausdrucksweise, Verzicht auf komplizierte Perioden, überschaubare, oft kurze Sätze und einfache rhetorische Mittel wie Isokola, Parallelismen und Antithesen für die Diatribe kennzeichnend. Bevorzugte Themen sind der richtige Gebrauch von Geld und Eigentum, das Verhältnis des Menschen zur Welt, das Problem des Todes, das Wesen der Freiheit, die menschlichen Leidenschaften und das Verhältnis zu den Mitmenschen[1].

Der Form der Diatribe bedienten sich übrigens nicht nur die Anhänger des Kynismus und der Stoa. Merkmale des Diatriben-Stiles lassen sich zum Beispiel auch bei Horaz, Cicero, Philon, Plutarch und im Neuen Testament nachweisen. Selbst der in hellenistischer Zeit entstandene «Prediger Salomo», der dem alttestamentlichen Kanon angehört, weist deutliche Merkmale der Diatribe auf. Der Autor des «Prediger» ist zweifellos von der hellenistischen Diatribe beeinflußt, und der Text wird mit Recht als Diatribe bezeichnet[2]. «Im wesentlichen übernahm jeder Verfasser

1 Oltramare, A.: Les origines de la diatribe romaine, Diss. Genève 1926, 44–65 u. 263–292, bietet eine Liste von 94 Themen.

2 Vgl. Hadas, M.: Der Hellenismus. Werden und Wirkung, München 1963, 205–210.

ethischer Essays in griechisch-römischer Zeit, sei er Grieche oder Römer, mehr oder weniger die Form der Diatribe. Bei Epiktet und Dion Chrysostomos, besonders aber bei Seneca ... sehen wir, daß die Diatribe von jedem überzeugenden ethischen Gedanken, der in der Luft lag, freien Gebrauch machte, aus welcher Schule er auch stammen mochte. Ebenso verhält es sich mit dem ‹Prediger›; die Luft, die er atmet, scheint nicht nur berührt, sondern gesättigt von Aussprüchen hellenistischer Lehrer[1].»

Es scheint eine spezifische und unverlierbare Eigenschaft der Diatribe zu sein, daß sie den Hörer oder Leser in ihren Bann zieht, nachdenklich macht oder auch zum Widerspruch herausfordert. Das liegt offensichtlich nicht nur an den Fragen, die sie aufwirft, und den Antworten, die sie zu geben versucht, sondern an der Unmittelbarkeit, Offenheit und Direktheit ihrer Argumentation. Man läßt sich gern auf einen Gesprächspartner wie Epiktet ein, weil er in seinen Diatriben immer wieder dazu auffordert, für kurze Zeit von der Oberfläche des Alltagsgeschäfts abzutauchen und sich – solange die Luft reicht – in Fragen zu vertiefen, die einen vielleicht manches anders sehen lassen als bisher. Epiktet ist kein aufdringlicher Ratgeber – ebensowenig wie Sokrates oder Diogenes; er veranlaßt den Leser vielmehr dazu, Rat zu suchen, wo er bisher Gewißheit zu haben meinte[2].

Bei Epiktet hat man es nicht mit zwingender Vorbildhaftigkeit oder erhabener Größe zu tun. Er fordert keine ehrfürchtige Bewunderung oder Nachahmung; er kommt vielmehr dem Bedürfnis entgegen, sich an existentiellen, das

---

1 Hadas, s. Anm. 10, 209–210. Vgl. auch Oltramare, s. Anm. 9. Zur Beziehung der Paulus-Briefe zur Diatribe: Bultmann, R.: Der Stil der Paulinischen Predigt und die kynisch-stoische Diatribe, Göttingen 1910.

2 Zur Wirkung der Diatribe auf die Schriften des Neuen Testaments: Bonhöffer, A.: Epictet und das Neue Testament, Gießen 1911.

heißt aber auch lebenspraktischen Fragen festzusaugen. Er vermittelt Lust an der Vertiefung des Fragens und an der mühevollen Suche nach einem Standpunkt, von dem aus das eigene Leben mit etwas mehr Gelassenheit zu reflektieren ist. Das war bereits das Programm des Sokrates, der uns durch Forschen und Prüfen, durch Überwindung sprachloser Selbstverständlichkeit im offenen und engagierten Gespräch mit der Fragwürdigkeit unserer Meinungen und Urteile in den «wichtigsten Fragen des Lebens» konfrontierte. Unter diesem Gesichtspunkt ist Epiktet ein anregender Vermittler sokratischen Philosophierens.

Die moralische Überzeugungskraft des Stoikers Epiktet beruht auf der radikalen Einseitigkeit und der rigorosen Beschränkung seines philosophischen Interesses. Das Problem der sittlichen Lebensführung hat in seinem Denken eine ebenso zentrale wie alles beherrschende Stellung. Der Mensch – das ist Epiktets Überzeugung – hat von seinem göttlichen Schöpfer den Auftrag, im Sinne seiner Vernunftnatur, das heißt sittlich, zu handeln. Worin sich sittliches Handeln im einzelnen verwirklicht, veranschaulicht Epiktet nicht nur in seinem «Handbuch der Moral», sondern auch in seinen «Diatriben», die sich als Dokumente einer intensiven Arbeit am Menschen darstellen. Hier geht es dem Autor nicht um die Entwicklung und Begründung einer Theorie der Ethik, sondern um die Aufforderung und Befähigung des Menschen zu einem sittlichen, das heißt selbstbestimmten, vernunftsmäßigen, Handeln in konkreten Lebenssituationen.

Das unablässige, harte und entbehrungsreiche Ringen um die Entfaltung des freien Willens ist für den Menschen die einzige Möglichkeit, ein Leben in Würde und Selbstachtung zu führen und zugleich seiner spezifischen Bestim-

mung im göttlichen Schöpfungsplan gerecht zu werden. Epiktet leitet nicht dazu an, in extremen Grenzsituationen die ethisch richtige Entscheidung zu treffen. Er argumentiert nicht mit den gängigen Exempla gleichsam übermenschlicher sittlicher Größe. Für ihn ist Sittlichkeit eine dauernde Aufgabe des Durchschnittsmenschen, der sich in den kleinen Dingen des täglichen Lebens zu bewähren hat und oft, ohne sich dessen bewußt zu sein, die Chance zur Selbstbestimmung seines Handelns und Verhaltens vertut, weil er sich Ansprüchen und Zwängen unterwirft, die ihn in den Zustand einer «unnatürlichen» Abhängigkeit bringen und ihm den Weg zur Eudämonie, zum glücklichen Leben, verbauen.

Epiktet will sich und seinen Mitmenschen eigentlich nur verdeutlichen, daß jedermann für sein Glück oder Unglück selbst verantwortlich ist. Denn kraft seiner Vernunft bestimmt der Mensch selbst darüber, ob ein Ereignis, ein Vorgang oder eine Handlung für ihn Glück oder Unglück bedeutet. Auf den richtigen Anschauungen und Urteilen über den Wert oder Unwert der Dinge und dem daraus resultierenden Verhalten beruht das Glück des Menschen. Die richtige Beurteilung unserer sogenannten Güter und unserer Beziehungen zu unseren Mitmenschen, die Freiheit von Affekten und Leidenschaften (ἀπάθεια) und die Befolgung des göttlichen Willens sind die unabdingbaren Voraussetzungen für unser Glück.

Von grundlegender Bedeutung für unser Verhalten ist die klare Unterscheidung zwischen den Dingen und Vorgängen, die wir selbst beeinflussen können, und denen, die unserem Einfluß entzogen sind. Nur das, was in unserer Macht steht, kann Ursache für Glück oder Unglück sein. Glücklich zu sein ist daher kein Geschenk des Himmels, sondern das Produkt einer selbstverantworteten sittlichen Leistung.

ERLÄUTERUNGEN

1 Zur Bedeutung dieser Begriffe vgl. Forschner, M.: Die stoische Ethik. Über den Zusammenhang von Natur-, Sprach- und Moralphilosophie im altstoischen System, Stuttgart 1981, 114–134. Zu dem besonders wichtigen Begriff des «Handeln-Wollen» (ὁρμή): «Wird etwas als für mich erstrebenswert beurteilt, so ist dieses Urteil von einem Handlungsimpuls ὁρμή begleitet» (Forschner, 116).

2 Bei Epiktet kann «von Natur aus» auch bedeuten «im Sinne der göttlichen Vorsehung» oder «in Übereinstimmung mit dem göttlichen Schöpfungsplan» oder «im Einklang mit der Vernunftnatur des Menschen».

3 Der Adressat ist ein fiktiver Gesprächspartner, ein philosophischer Anfänger, der auf den rechten Weg gebracht werden will. Epiktet spricht oft aber auch einfach mit sich selbst; das ist ein typisches Merkmal der Diatribe.

4 Epiktet stellt es sich bzw. dem fiktiven Gesprächspartner zur Aufgabe, die Unterscheidung des ἐφ' ἡμῖν und des οὐκ ἐφ' ἡμῖν intensiv zu üben.

5 «Eindruck» für φαντασία. Das Bild, das man sich von etwas macht, muß mit dem tatsächlich Gegebenen nicht übereinstimmen. «Die φαντασία ist das mentale Bild, das ein Ding bzw. Ereignis durch die Affektion unserer Sinne in uns hervorruft, das Resultat eines unwillentlichen Vorgangs» (Forschner, s. Anm. 1: 97).

6 «... sag dir sofort»: Im Text steht πρόχειρον ἔστω, eigentlich «es sei dir zur Hand», «es stehe dir zur Verfügung». Man denkt hier auch an den Titel des «Handbuches der Moral», ἐγχειρίδιον.

7 Die Bedeutung von τὰ παρὰ φύσιν («was gegen die Natur ist») ist vor dem Hintergrund der altstoischen Formel vom ὁμολογουμένως τῷ φύσει ζῆν zu verstehen, das so viel heißt wie «im Einklang mit der Weltordnung leben» oder auch «in Übereinstimmung leben mit der Vernunftnatur des Menschen» (vgl. Anm. 2).

8 Vgl. die Hinweise zum Begriff der ὁρμή in Anm. 1.

9 Diese Aussage ist in Zusammenhang mit dem stoischen Wertbegriff der «Unerschütterlichkeit» (ἀταραξία) zu sehen.

10 «Sittliche Entscheidung» (προαίρεσις). Epiktet hat die «sittliche Entscheidung» oder den «moralischen Vorsatz» zum Kernbegriff seiner Ethik erhoben. Vgl. Pohlenz, M.: Die Stoa 1, 331–334. Es handelt sich um die grund-

sätzliche Vorentscheidung darüber, was wir als gut und nützlich für uns anzusehen haben und was nicht. Die προαίρεσις «ist die Voraussetzung für jede Einzelentscheidung, nicht als einmaliger Akt, sondern als die feste geistige Einstellung, aus der all unser praktisches Einzeltun fließt ... Denn die rechte Prohairesis besteht eben darin, daß wir unser Begehren und Streben auf die Dinge beschränken, die in unserer Macht stehen ... Die Prohairesis ist es, die uns frei macht. Denn wenn sie sich auf unser eigenes Tun beschränkt, kann niemand sie hindern, kein Kaiser und kein Gott ... Sie ist die geistige Grundhaltung der sittlichen Persönlichkeit, ihre Arete und darum Quell der Eudämonie» (Pohlenz, 333).

11 «Urteile und Meinungen» für τὰ δόγματα im Gegensatz zu τὰ πράγματα. Die «Urteile» entscheiden über Wert und Bedeutung der Dinge für den Menschen. Diese Feststellung wiederholt Epiktet an vielen Stellen seiner Argumentation.

12 «Gebrauch deiner Eindrücke»: Die χρῆσις φαντασιῶν ist das einzige, was in unserer Macht steht. Von ihr hängen die Urteile ab, die wir über die Dinge gewinnen. Vgl. den Schluß von Ench. 1.

13 D.h. wenn du deiner sittlichen Entscheidung folgst.

14 Vgl. die Interpretation des Ench. 7 bei Kamlah, W.: Der Ruf des Steuermanns, Stuttgart 1953.

15 «Glücklich sein» steht hier für εὐροεῖν, das eigentlich «gut fließen» bedeutet. Bei den Stoikern (und mehrfach auch bei Epiktet) wird «das gute Fließen» (εὔροια) mit Eudaimonía (Glück) gleichgesetzt (Stoicorum Veterum Fragmenta [SVF] 1, 184; vgl. Pohlenz, M.: Stoa und Stoiker. Die Gründer · Panaitios · Poseidonios, Zürich 1950, 109. Siehe auch Senecas Formulierung *beata vita secundo defluens cursu* «das mit gutem Fluß ablaufende glückliche Leben»).

16 Vielleicht spielt Epiktet hiermit auf sein eigenes Gebrechen an. Vgl. Anth. Pal. 7, 676: «Ich, Epiktet, war Sklave, körperlich ein Krüppel. Ich war so arm wie Iros und den Göttern lieb.»

17 Selbstbeherrschung, Ausdauer, Duldsamkeit sind die wichtigsten Tugenden des kynisch-stoischen Weisen.

18 Vgl. Ench. 1.

19 Wenn Epiktet unverheiratet war und keine Kinder hatte, kann er hier nicht mit sich selbst, sondern nur mit einem fiktiven Adressaten sprechen.

20 Der «moralische Fortschritt» (προκοπή) ist eine von den Stoikern für möglich gehaltene Entwicklung zum Besseren, vom Toren zum Weisen. Vgl. SVF 1, 234; 3, 530–543; Seneca, Epist. 75, 8–14. Die Stoiker hielten die Erziehung und vor allem die Selbsterziehung für die Methode, den sittlichen Fortschritt herbeizuführen. Das ist auch die Voraussetzung für Epiktets Überzeugung

von der Wirksamkeit seiner Diatriben. Zum Problem: Luschnat, O.: Das Problem des ethischen Fortschritts in der alten Stoa, in: Philologus 102, 1958, 178–214.

21 «Sorgen und Angst» sind nach stoischer Lehre Krankheiten der Seele. Sie verhindern die Eudämonie. Vgl. Pohlenz, s. Anm. 15, 148–162.

22 «Unglücklich» κακοδαίμων im Gegensatz zu «glücklich» εὐδαίμων.

23 Die Aufforderung, mit kleinen oder leichten Dingen anzufangen, hatte Epiktet bereits Ench. 3 ausgesprochen. Wer sich auf den Weg zum Glück macht, muß vom Leichteren zum Schwierigeren fortschreiten. Es kommt aber vor allem darauf an, überhaupt erst einmal «anzufangen».

24 «Gleichmut» oder «Freiheit von Affekten» (ἀπάθεια) und «innere Ruhe» oder «Freiheit von Aufregung und Störung» (ἀταραξία) sind für Epiktet die Bedingungen und Begleiterscheinungen des Glückes. Vgl. Pohlenz, Die Stoa I 331 u. II 163. Wer über diese Zustände verfügt, ist wahrhaft «frei» (und glücklich); er verfügt über den «guten Fluß des Lebens» (vgl. Ench. 8).

25 D.h., der Diener bekäme es schmerzhaft zu spüren, wenn die «innere Ruhe» des Herrn von seinem Verhalten und nicht von der Einstellung des Herrn selbst abhinge.

26 «Fortschritte» z.B. in der klareren Unterscheidung der Dinge, die in unserer Macht liegen, von denen, die nicht in unserer Macht liegen.

27 Epiktet hat nicht die Absicht, ein Wissen zu vermitteln; er fordert vielmehr zu bestimmten Verhaltensweisen auf. Das ist der Sinn der Imperative. Der Angeredete soll «etwas wollen», «sich an etwas erinnern», «etwas üben», «sich etwas sagen», «etwas sein lassen», «sich an etwas gewöhnen» usw.

28 D.h., wenn du es allmählich gelernt hast, abzuwarten.

29 Diogenes von Sinope, der Kyniker, und Herakles, der Sohn des Zeus, galten als Vorbilder der Bedürfnislosigkeit. Herakles hatte im Kynismus eine Schlüsselstellung. Dazu auch: Höistad, R.: Cynic Hero and Cynic King. Studies in the Cynic Conception of Man, Lund 1948.

30 «Meinung» (δόγμα): vgl. Ench. 5, wo schon die Dógmata von den Prágmata unterschieden wurden.

31 Gemeint ist wohl Gott, der jedem seine «Lebensrolle» zuteilt.

32 «Unterscheidung treffen» (διαιρεῖν). Die «Unterscheidung» (διαίρεσις) ist die Einteilung der Dinge in solche, die in unserer Macht stehen, und solche, die nicht in unserer Macht liegen. Vgl. Ench. 1. «Diese ‹Einteilung der Dinge›, diese ‹Dihairesis›, ist das Fundament von Epiktets Ethik, die große einfache Wahrheit, von der für ihn die Lebensführung abhängt ...» (Pohlenz, Die Stoa I 330). Auf der Dihaíresis beruht die Prohaíresis, die sittliche Entscheidung, nur die Dinge zu berücksichtigen, die in unserer Macht stehen.

33 Damit ist der Kampf um eine gesellschaftlich angesehene Stellung gemeint.

34 Es ist Epiktets Absicht, seinen Adressaten auf diesen «Weg» zu bringen. Das Bild des Weges ist in der griechischen Literatur weit verbreitet. Vgl. Becker, O.: Das Bild des Weges und verwandte Vorstellungen im frühgriechischen Denken, Hermes-Einzelschriften 4, 1937. – Zu Epiktets Dihairesis, die ja auch eine Entscheidung für einen bestimmten «Weg» ist, vgl. das Bild von «Herakles am Scheideweg» in Xenophons Memorabilien 2, 1. Dazu Nickel, R.: Die Wahl des Herakles in Xenophons Memorabilien II 1. Der Mythos als Argument, in: ALK-Informationen 3/1980, 59–105.

35 «Auffassung» (ὑπόληψις). Vgl. Ench. 1. Die Begriffe Hypólepsis, Dógma und Phantasía sind offensichtlich austauschbar. Sie bezeichnen den ersten Eindruck, den man von den Dingen und Vorgängen erhält.

36 Hier geht es also nicht um eine Therapie gegen die Todesfurcht, sondern um die Weckung des Bewußtseins vom Wert des Lebens. Vom Bewußtsein des Todes her das Leben zu gestalten, ist eine in der Antike vielfach bezeugte Empfehlung (das Memento-mori-Motiv). Vgl. auch Psalm 90,12: Herr lehre uns bedenken, daß wir sterben müssen, auf daß wir klug werden.

37 Hier ist der sokratische Gegensatz von «scheinen» und «sein» faßbar.

38 Ansehen und Schande werden durch andere Menschen hervorgerufen. Deshalb kann das Fehlen von Ansehen kein Unglück und kein Übel sein.

39 «Zurückhaltung»: Epiktet benutzt hier das Adjektiv αἰδήμων (schamhaft, bescheiden), das mit dem Substantiv αἰδώς verwandt ist. Pohlenz, Die Stoa I 335, interpretiert den Begriff so: «Die Aidos war schon für die alte Stoa eine vernunftgemäße seelische Bewegung, die Scheu vor berechtigtem Tadel ... Bei Musonius konnte Epiktet hören, daß man vor Tadel am ehesten geschützt sei, wenn man vor sich selbst sittliche Scheu hege. Für Epiktet wird die Aidos zu dem sittlichen Grundgefühl, das uns von der Natur eingepflanzt ist, das den Menschen – und nur ihn – unwillkürlich erröten macht, wenn er etwas Unanständiges sagt oder hört, das ihn vor jeder sittlichen Verfehlung warnt und besser vor ihr schützt als die unbeobachtete Verborgenheit innerhalb seiner vier Wände ... Sie ist die Ehrfurcht vor der eigenen Menschenwürde als unantastbarem Heiligtum.»

40 Das Adjektiv πιστός (glaubwürdig, treu, zuverlässig) gehört zu dem Substantiv πίστις: «Während Aidos vornehmlich das Innenleben des Menschen angeht, ist der Bereich der Pistis das Verhalten zu den Mitmenschen. Auch die wurzelt in einem Gefühl, in dem Geselligkeitstrieb des Menschen, stellt aber praktisch dessen sittliche Vollendung dar und bezeichnet die rechte Einstellung innerhalb der Gesellschaft, die Zuverlässigkeit in der Erfüllung der Pflichten, die Vertrauen heischt und schenkt und die Grundlage jeder sozialen Betätigung ist. Während die Aidos aus uraltem hellenischen Empfinden stammt, ist bei der Pistis der Einfluß der römischen *fides* unverkennbar» (Pohlenz, Die Stoa I 335).

41 Man ist ein nützliches Glied der Gesellschaft, wenn man ihr mit seinen spezifischen Fähigkeiten und Eigenschaften dient. Der Dienst am Staat darf keinen Verlust an Persönlichkeit oder Verzicht auf Moral nach sich ziehen. Epiktet ist also kein »Aussteiger« oder »Verweigerer«; er verlangt nur von der Gesellschaft das Recht zu individueller Entfaltung und Betätigung des ihm eigenen Vermögens – zum Wohle des Ganzen. Hiermit beweist Epiktet, daß er der Lehre der Stoa deutlich näher steht als dem Kynismus, wie er etwa von Diogenes verkörpert wird.

42 Epiktet meint die römische Einrichtung der *salutatio*, den allmorgendlichen Empfang der Klienten im Haus des Patrons. Vgl. Horaz, Epist. 2, 1, 103–107; Seneca, De brevitate vitae 14, 3–4; Lukian, Nigrin. 22.

43 Die Klienten eines Patrons wurden oft gar nicht, oft nur unter Schwierigkeiten vorgelassen. Häufig mußten sie auch lange warten.

44 D.h., es ist ausgeschlossen, daß die Welt, der Kosmos, geschaffen wurde, um dem Bösen eine Existenzmöglichkeit zu bieten. Daher gibt es nichts in der Welt, was von Natur aus böse ist. Das Böse kommt durch die Torheit der Menschen in die Welt. Vgl. den Zeus-Hymnus des Kleanthes (SVF 1, 537). Zum Problem vgl. auch Forschner, M.: Die stoische Ethik, Stuttgart 1981, 160–165.

45 Gladiatorenkampf war jahrhundertelang das größte öffentliche Massenvergnügen im römischen Reich. Vgl. Grant, M.: Die Gladiatoren, Frankfurt/Berlin/Wien 1982; Weber, K.-W.: Panem et circenses. Massenunterhaltung als Politik im antiken Rom, Mainz 1994, 1999; F. Meijer, Gladiatoren. Das Spiel um Leben und Tod, Düsseldorf/Zürich 2004. – Epiktet war neben Seneca einer der wenigen, die die Gladiatorenspiele entschieden ablehnten.

46 Euphrates war ein berühmter stoischer Philosoph, den auch Plinius, Epist. 1, 10, rühmt (s. S. 343). Er war ebenso wie Epiktet ein Schüler des Musonius. Im Jahre 119 starb er als alter Mann durch Selbstmord. In Diss. 4, 8, 18–21 (s. S. 341) zitiert Epiktet den Philosophen und Redner.

47 D.h., wenn du dich für die Philosophie entschieden hast.

48 Die Fähigkeit, auf Schlaf zu verzichten und Anstrengungen zu ertragen, wird schon von Sokrates, dem großen Vorbild des Epiktet, gefordert (Xenophon, Mem. 2, 1, 1).

49 D.h. ein Weiser oder ein Tor.

50 Epiktet verwendet hier den bereits von Zenon benutzten Begriff τὰ καθήκοντα (SVF 3, 491–499. 500–543).

51 Das Verb »sich anvertrauen« (οἰκειοῦσθαι) gehört zu dem Substantiv Oikeíosis (οἰκείωσις), »Aneignung«, »Vertrautheit«, »Vertrauensbildung«. Die Oikeíosis ist ein Grundbegriff der stoischen Anthropologie. Er bezeichnet die natürliche Hinwendung zu allem, was dem Individuum förderlich ist

und zu seinem Wesen gehört (Zenon bei Diogenes Laertius 7, 85–89). – Die Oikeíosis ist auch das Motiv für die Herstellung sozialer Beziehungen und zur Hinwendung zur gesamten menschlichen Natur im Sinne einer allgemeinen Philanthropie. Die Pflichten gegenüber anderen Menschen haben ihren natürlichen Antrieb in der Oikeíosis.

52 Diese natürliche Veranlagung ist die Oikeíosis. Vgl. Anm. 51.

53 Söhne des Ödipus und der Iokaste. Sie werden von ihrem Vater verflucht, weil sie ihn nach seinem Sturz vom Königsthron schlecht behandelt hatten. Die Brüder verabredeten, abwechselnd jeweils ein Jahr in Theben zu herrschen. Eteokles hielt sich nicht an die Abmachung. So kam es zum Krieg. Die Brüder töteten sich gegenseitig im Zweikampf.

54 Die Kunst, ein Orakel oder göttliche Zeichen zu deuten, heißt Mantik. Die Begründung für diese Kunst ergab sich für die Stoiker aus der Überzeugung von der göttlichen Vorsehung. Wenn Gott die Zukunft lückenlos geplant hat, dann kann er den Menschen aufgrund seiner Fürsorge und Güte auch Zeichen geben, aus denen die Menschen zukünftige Ereignisse erschließen können.

55 Die Stoiker unterschieden zwischen Gutem, Schlechtem und Gleichgültigem (das Gleichgültige: ἀδιάφορον): Alles Seiende ist entweder ein Gut oder ein Übel oder keines von beiden (Adiáphoron). Gut ist nur das sittlich Gute, schlecht nur das sittlich Schlechte. Alles andere ist indifferent, weder gut noch schlecht, weil es weder zum Glück noch zum Unglück des Menschen beiträgt (SVF 1, 191–196; 559–562; 3, 117–168).

56 Der pythische Apoll ist der Schutzgott des Orakels in Delphi. Der Name «pythisch» leitet sich von Python, einer weissagenden Schlange, her, die ursprünglich die Herrin der Orakelstätte war. Delphi heißt daher auch Pytho, und die Priesterin und Wahrsagerin des Apoll hatte den Namen Pythia. Apoll selbst trug den Beinamen Pythios.

57 Beispielsweise Gladiatorenspiele im Amphitheater, Wagenrennen, Aufführungen im Theater. Vgl. Anm. 45.

58 Vgl. Augustin, Confessiones 6, 7f.

59 Auf diese Weise wurden der Öffentlichkeit neue literarische Werke vorgestellt.

60 «Zurückhaltung», griechisch εὐστάθεια, eigentlich «Festigkeit», «Beständigkeit» und vor allem bei den Epikureern «der gute Zustand des Körpers». Für Epiktet gehört die Eustátheia zu den Voraussetzungen der Eudaimonía.

61 «Niemandem lästig werden», ein Verhalten, das im Zusammenhang mit der Aidós zu sehen ist. Vgl. Anm. 39.

62 Zenon von Kition, um 335–262 v.Chr., gilt als der Begründer der stoischen Philosophie.

63 Gemeint sind die Dinge, die nicht in unserer Macht stehen und unserem Einfluß entzogen sind.

64 Zur Bedeutung des Anstands (αἰδώς) vgl. schon Ench. 24 mit Anm. 39.

65 «Das leitende Prinzip», das Hegemonikón, ist ein bereits altstoischer Begriff für das höchstrangige geistig-seelische «Organ» des Menschen, die höchste Vernunft, «das führende Zentralorgan», das alle höheren Funktionen der Seele umfaßt. Nach Chrysipp (SVF 2, 879) sitzt das Hegemonikón wie die Spinne im Netz, die mit Hilfe der Fäden merkt, wenn in dieses eine Fliege gerät, im Herzen des Menschen, vernimmt dort, was die Sinne übermitteln. «Das Hegemonikon ist es, das sieht und hört, das die Eindrücke verarbeitet, denkt und handelt» (Pohlenz, Die Stoa I 88). – Als Stoiker hat Epiktet das Wesen des Menschen dichotomisch gefaßt (vgl. Bonhöffer, A.: Epictet u. die Stoa. Untersuchungen zur stoischen Philosophie, Stuttgart 1890, 29ff.): Der Mensch besteht aus Körper und Seele. Vgl. Diss. 1, 3, 3 (s. S. 291).

66 D.h., die körperlichen Bedürfnisse bestimmen, was der Mensch an materiellem Besitz benötigt.

67 «Das richtige Maß einhalten» ist in diesem Sinne eine verbreitete Lebensregel. Vgl. Horaz, Epist. 1, 7, 98 u. 10, 42f.

68 «Zurückhaltend»: Vgl. Ench. 24.

69 Ein Beispiel für eine richtige Verknüpfung von Aussagen ist die Verbindung der Sätze «Es ist Tag, und es ist hell» oder «Die Sonne scheint, und es ist warm». Ein Beispiel für eine falsche Verknüpfung gibt Epiktet selbst in Ench. 36: «Es ist Tag, und es ist Nacht.» Vgl. auch Diogenes Laertius 7, 72.

70 Das συνκατατίθεσθαι oder die Synkatáthesis ist die auf freier Entscheidung beruhende «Zustimmung» zu den φαντασίαι, die unwillkürlich in das Bewußtsein eindringen. Vgl. auch Fragm. 9 (s. S. 79). Zum Begriff der «Zustimmung» vgl. auch Pohlenz, Die Stoa I 55: Die Synkatáthesis setzt eine Prüfung der Phantasía voraus. «Sobald die Phantasia auftaucht, tritt bei ihm (sc. dem Menschen) der Logos in Tätigkeit. Er fällt ein Urteil, das freilich an sich nicht über den objektiven Wahrheitsgehalt entscheidet, wohl aber über die Gültigkeit der Vorstellung. Er prüft sie, zollt ihr entweder seine ‹Zustimmung› ..., oder er lehnt sie ab oder hält sein Urteil zurück. Nur wenn er sie durch die ‹Synkatathesis› anerkennt, wird die Vorstellung für sein Erkennen oder auch für sein Handeln wirksam. Lehnt er sie ab, so bleibt sie bedeutungslos.» Zur terminologischen Verwendung von Synkatáthesis schon bei Zenon s. SVF 1, 60–61.

71 Um deine Abhärtung zu beweisen.

72 D.h., er betrachtet sich selbst als verantwortlich für alles, was ihm nützt oder schadet. Denn er bestimmt selbst darüber, welche Umstände auf ihn einwirken und für ihn relevant sind.

73 D. h., der moralische Fortschritte macht und sich somit in seiner Entwicklung zwischen dem Durchschnittsmenschen und dem Philosophen befindet. Vgl. Ench. 12 mit Anm. 20.

74 Chrysipp, 276–204 v. Chr., war einer der bedeutendsten stoischen Philosophen. Er systematisierte die stoische Lehre und gliederte sie in die drei Bereiche Logik, Ethik und Physik. Er hob vor allem die Bedeutung des Logos als der alles beherrschenden Weltvernunft hervor und definierte das Idealbild des stoischen Weisen, der in Übereinstimmung mit der Natur, d. h. mit dem Vernunftprinzip, frei von Affekten lebt und handelt. Von seinen Werken sind nur Fragmente erhalten, die in der Sammlung »Stoicorum Veterum Fragmenta« (SVF) von Hans von Arnim (Nachdruck 1964) zusammengestellt wurden.

75 Zum Begriff der »Vernunftnatur« vgl. Ench. 2 mit Anm. 7.

76 Der Vorrang der Taten vor den Worten entspricht der stoischen Bewertung der Ethik im Vergleich mit den beiden anderen Disziplinen, der Logik und der Physik. Vgl. auch Bonhöffer (s. Anm. 65), 13–28.

77 »Unterscheidung« (Dihaíresis): Vgl. Ench. 18 mit Anm. 32.

78 »Philosophische Lehren« (θεωρήματα). Theoretische Bildung ist für Epiktet nur Mittel zum Zweck. Das Wichtigste ist die Tat. Vgl. Bonhöffer (s. Anm. 65), 7–10, und Ench. 46.

79 Die hier unterschiedenen »Bereiche« der Philosophie decken sich nur zum Teil mit der traditionellen Unterscheidung der drei philosophischen Disziplinen Ethik, Logik und Physik. Der grundlegende Gedanke ist Epiktets Überzeugung, daß die Praxis und nicht die Theorie das Wichtigste ist.

80 Der Text stammt von Kleanthes, der die stoische Schule von 264–232 v. Chr. leitete (SVF 1, 527). Eine lateinische Fassung findet sich bei Seneca, Epist. 107, 10.

81 Euripides, Fragm. 965 Nauck.

82 Nach Platon, Kriton 43 d.

83 Nach Platon, Apologie 30 c–d.

LITERATURHINWEISE

Ausgaben

Epicteti Dissertationes ab Arriano digestae, hrsg. von H. Schenkl, Leipzig 1916.

Epictetus, The Discourses as reported by Arrian etc., hrsg. von W. A. Oldfather, 2 Bde., Cambridge (Mass.) 1925–28 (mit englischer Übersetzung).

Épictète, Entretiens, hrsg. von J. Souilhé, 4 Bde. (Collection Budé), Paris 1943–65 (mit französischer Übersetzung).

Übersetzungen

Epiktet, Was von ihm erhalten ist, übersetzt von J. G. Schulthess, bearbeitet von R. Mücke, Heidelberg 1926.

Epiktet, Handbüchlein der Moral und Unterredungen, übersetzt von H. Schmidt, bearbeitet von K. Metzler, Stuttgart 1984.

Epiktet, Handbüchlein der Moral, griechisch/deutsch, übersetzt und herausgegeben von K. Steinmann, Stuttgart 1992.

Epiktet, Das Buch vom geglückten Leben, übersetzt von C. Conz, bearbeitet und mit einem Nachwort versehen von B. Zimmermann, München 2005.

Aufsätze und Monographien

A. Bodson, La morale sociale des derniers Stoïciens Sénèque, Épictète et Marc-Aurèle, Paris 1967.

A. Bonhöffer, Epictet und die Stoa, Stuttgart 1890.

Ders., Die Ethik des Stoikers Epictet, Stuttgart 1894.

Ders., Epictet und das Neue Testament, Gießen 1911.

I. Bonforte, The Philosophy of Epictetus, New York 1955.

P. De Lacy, The Logical Structure of the Ethics of Epictetus, Classical Philology 38 (1943), S. 112–125.

K. Döring, Epiktets Handbüchlein der Moral und seine Rezeption, in: Von Rezeption zur Motivation (Dialog Schule-Wissenschaft. Klassische Sprachen und Literaturen XXXII), München 1998, 62–83.

M. Forschner: Die stoische Ethik. Über den Zusammenhang von Natur-, Sprach- und Moralphilosophie im altstoischen System, Darmstadt [2]1995.

K. Hartmann, Arrian und Epiktet, Neue Jahrbücher für das klassische Altertum 15 (1905), S. 248–275.

B. L. Hijmans jr., Askesis - Notes on Epictetus' Educational System, Assen 1959.

W. Hochkeppel, War Epikur ein Epikureer. Aktuelle Weisheitslehren der Antike, München 1984, 169–192.

B. Inwood, Epiktetos, in: Der Neue Pauly, Bd. 3, Stuttgart 1997, Sp. 1123–1125.

A. Jagu, Épictète et Platon - Essai sur les relations du Stoïcisme et du Platonisme à propos de la morale de Entretiens, Paris 1946.

H. Niehues-Pröbsting, Der Kynismus des Diogenes und der Begriff des Zynismus, München 1979, 184–195.

G. Pire, Stoïcisme et pédagogie - De Zénon à Marc-Aurèle, de Sénèque à Montaigne et à J. J. Rousseau, Lüttich 1957.

M. Pohlenz, Die Stoa, 2 Bde., Göttingen 1978/80[5].

H. Reiner, Die ethische Weisheit der Stoiker heute, Gymnasium 76 (1969), S. 330–357.

J. M. Rist, Stoic Philosophy, Cambridge 1969.

F. Schweingruber, Sokrates und Epiktet, Hermes 78 (1943), S. 52–79.

L. Spanneut, Epiktet, in: Reallexikon für Antike und Christentum, Bd. 5, Stuttgart 1961, Sp. 599–681.

G. Wöhrle, Epiktet für Anfänger, München 2002.

Th. Zahn, Der Stoiker Epiktet und sein Verhältnis zum Christentum, Erlangen 1894.